आधुनिक युग में अधिकतर मनुष्यों की व्यस्त जीवन शैली है जिसके कारण वे अत्याधिक तनावपूर्ण जीवन व्यतीत करते हैं। इसलिए उनकी जीवन शैली बीमारियों की वजह बनती है इसलिए हमें अपने भोजन में तेल की मात्रा कम कर देनी चाहिए। इसका सबसे आसान और सरल तरीका है ज़ीरो ऑयल। इसीलिए लिखी गयी है यह ज़ीरो ऑयल कुक बुक। ज़ीरो ऑयल से बने हुए व्यंजन स्वादिष्ट और स्वास्थ्यवर्धक हैं। आपको क्या चाहिए 'तेल या स्वाद' इस पुस्तक में हम आपको बतायेंगे, कि बिना एक बूंद तेल इस्तेमाल किये किस प्रकार मनपसंद नाश्ते तैयार किये जा सकते हैं। जिनकी आप कल्पना भी नहीं कर सकते। ये नाश्ते हृदय रोगों के रिवर्सल तथा निवारण में मदद करेंगे।

लेखक की अन्य रचनाएं

हिन्दी

- जीरो ऑयल दक्षिण भारतीय व्यंजन................. 95.00
- जीरो ऑयल कुक बुक 95.00
- जीरो ऑयल मिठाइयां........................... 95.00

English

- Zero Oil South Indian Cook Book . 150.00
- Zero Oil Cook Book 150.00
- Zero Oil Namkeen (151 Snacks) 150.00
- Zero Oil Sweets Book 150.00

Forth Coming Book

- Diet Tips & Recpies for Diabetic Patients ... 150.00

जीरो ऑयल
151 नाश्ते (नमकीन)
(Zero Oil 151 Snacks)
(Namkeens)

डॉ. बिमल छाजेड़, एम.डी.

फ्यूजन बुक्स

© लेखकाधीन

ISBN No. : 81-288-0275-5

प्रकाशक : फ्यूजन बुक्स
X-30, ओखला इंडस्ट्रियल एरिया, फेज-II
नई दिल्ली-110020
फोन : 011-51611861-865
फैक्स : 011-51611861, 26386124
ई-मेल : mverma@nde.vsnl.net.in
वेबसाइट : www.diamondpocketbooks.com
संस्करण : 2003
मूल्य : **95/-**
प्रिंटर्स : **आदर्श प्रिंटर्स, शाहदरा दिल्ली-32**

Zero Oil 151 Naste (Namkeens) - Dr. Bimal Chhajer, MD **Rs. 95/**

भूमिका

दिनभर के भोजन को दो मुख्य भोजन समय (दोपहर तथा रात का भोज ;) तथा इनके बीच में लिए जाने वाले खाना में बांटा जा सकता है। इस बीच में लिए जाने वाले खानों को नाश्ता कहते हैं। इस नाश्ते में मिठाई भी हो सकती है - क्योंकि मिठाई के बारे में हमारी पुस्तक 'जीरो आयल मिठाइयां' पहले ही आ चुकी है। यह विशेष पुस्तक नमकीन संबंधी सभी व्यंजनों को शामिल किए हुए है।

हमारे देश में सैकड़ों नाश्ते किसी न किसी रूप में प्रसिद्ध हैं। कुछ नाश्ते ऐसे हैं जो संपूर्ण देश में खाए-खिलाए जाते हैं। लेकिन ज्यादातर नाश्ते चर्बी/वसा से युक्त होते हैं परिणामस्वरूप शरीर को हानि पहुंचाते हैं। क्योंकि इन्हें बनाने में बहुत तेल इस्तेमाल होता है। इन्हें खाने से भविष्य में न केवल दिल की बीमारी होने का खतरा बना रहता है बल्कि मोटे लोगों के लिए तथा मधुमेह के रोगियों के लिए भी यह खतरनाक होते हैं।

चर्बी तथा वसायुक्त भोजन के खिलाफ लड़ाई को जारी रखते हुए साओल संस्था 1995 से दिल के मरीजों के लिए जीरो ऑयल के तरीके का विकास कर रही है। हमें अब तक 500 के लगभग पदार्थों को तैयार करने में सफलता मिली है जो तेल रहित तो हैं ही साथ ही स्वादिष्ट भी हैं। हम सालों से अपने 'रिवर्सल ऑफ हार्ट डिजीज प्रोग्राम' में भाग लेने वालों को यही भोजन खिलाते आ रहे हैं। हमारा यह कार्यक्रम पूरे भारत में फैला है। स्वास्थ्य के प्रति जागरूक लोगों में हमारी पिछली पुस्तकों 'जीरो ऑयल कुक बुक' तथा 'जीरो ऑयल स्वीट बुक' ने पहले ही क्रांति सी ला दी है। यह विशेष पुस्तक उसी की एक कड़ी है।

इस पुस्तक में 151 नमकीन नाश्तों की विधियां दी गई हैं जिन्हें सुबह दोपहर, शाम कभी भी नाश्ते में लिया जा सकता है तथा किसी भी दोस्त तथा संबंधियों को परोसा जा सकता है। इनमें ज्यादातर ऐसे हैं जिनके बारे में बिना तेल के कल्पना नहीं की जा सकती। लेकिन इस पुस्तक ने असंभव को संभव बनाया है। इनमें ज्यादातर व्यंजन आपके भोजन में भी उचित स्थान ले सकते हैं।

मैं अपने सभी आहार विशेषज्ञों, खासतौर पर प्रियंका रस्तोगी तथा जया सरीन का अवश्य शुक्रिया अदा करना चाहूंगा जिन्होंने इन खाद्य पदार्थों की तकनीक को विकसित करने में हमारी मदद की। इस पुस्तक को तैयार करने में पूरी 'साओल' टीम का योगदान है। मैं उन सभी का आभारी हूं जिनके योगदान के बगैर यह संभव नहीं था।

लेखक परिचय

डॉ. बिमल छाजेड़, एम.डी., एक जाने माने हृदय रोग विशेषज्ञ हैं जिन्होंने भारत में हृदय की देखभाल तथा उपचार के बारे में जागरुकता फैलाने के लिए 'साओल हार्ट प्रोग्राम' की स्थापना की। 41 वर्षीय डॉ. छाजेड़ राजस्थान से संबंध रखते हैं। उन्होंने रोगियों के उपचार के लिए सभी उपयोगी संभावनाओं का पता लगाया तथा जन-मानस की आवश्यकतानुसार उन्हें व्यवहार में उतारने का प्रयास किया है। बिना जोखिम उठाये, बिना ऑपरेशन किए उनके हृदय संबंधी आसान तरीके अपनाने से हजारों लोगों को फायदा हुआ है तथा फायदा उठा रहे हैं।

डॉ. छाजेड़ ने अखिल भारतीय अनुसंधान संस्थान में सहायक प्राध्यापक के रूप में कार्य किया है तथा छः वर्ष तक शोध कार्य किया है। उन्होंने ग्यारहवें अंटार्टिका अभियान में भारत का नेतृत्व भी किया।

उन्होंने न केवल पूरे भारत तथा विश्व में संबंधित विषय पर व्याख्यान दिए बल्कि 15 वर्ष से इस क्षेत्र में कार्यरत हैं। उन्होंने निम्नलिखित पुस्तकों का लेखन भी किया- 1. *रिवर्सल ऑफ हार्ट डिजीज इन फाईव इजी स्टेप्स*, 2. *फूड फॉर रिवर्सिंग हार्ट डिजीज*, 3. *हृदय रोग से मुक्ति*, 4. *अंडरस्टैंडिंग हार्ट डिजीज*, 5. *हृदय रोग सामान्य जानकारी*, 6. *जीरो ऑयल कुक बुक (हिन्दी तथा अंग्रेजी)*, 7. *जीरो ऑयल स्वीट बुक (हिन्दी तथा अंग्रेजी)*, 8. *जीरो ऑयल नमकीन बुक (हिन्दी तथा अंग्रेजी)*।

हृदय रोगियों के लिए 201 आहार टिप्स पर पुस्तक बाजार में शीघ्र आने वाली है। हृदय संबंधी विषयों पर जानकारी देने के लिए 'हार्ट टॉक' नाम से वे मासिक जर्नल निकालते हैं। हृदय नाम से हिन्दी में भी मासिक जर्नल मई 2003 आने को है। 'साओल हार्ट प्रोग्राम' व उनके बारे में विभिन्न पत्रिकाओं तथा समाचार पत्रों में 600 से अधिक लेख छप चुके हैं। उन्होंने टी.वी. प्रोग्रामों, समाचारों तथा वार्तालापों के माध्यम से आम आदमी को उसी की भाषा में आसान उपायों की जानकारी दी है। उन्हें भारत में नॉन-इनवेजिव हृदय उपचार तथा निवारण में अग्रणी माना जाता है।

साओल हार्ट प्रोग्राम प्रशिक्षण सभी मुख्य शहरों दिल्ली, कोलकाता, मुम्बई, चेन्नई, बंगलौर तथा हैदराबाद में दिया जाता है। डॉ. छाजेड़ ने प्रथम अंतर्राष्ट्रीय कॉन्फ्रेंस, एम्स **(AIMS)** के सहयोग से 1995 में 'लाइफ स्टाइल एंड हार्ट' विषय पर इंडिया हैबिटेट सेंटर नई दिल्ली में आयोजित की तथा दूसरी कॉन्फ्रेंस इसी विषय पर उसी स्थान पर 1999 में आयोजित की।

डॉ. छाजेड़ ने आर्थराइटिस, दमा, मधुमेह तथा मोटापे पर भी उनके उपचार, निदान, परहेज, खुराक आदि पर नया प्रोग्राम शुरू किया है।

जीरो ऑयल क्यों?

जो जीवन शैली आधुनिक युग में लोगों ने अपना रखी है वह है आरामदायक जीवन शैली। जिसमें शारीरिक व्यायाम न के बराबर होता है। हम में से ज्यादातर लोग शारीरिक काम कम से कम करना चाहते हैं, कोई व्यायाम नहीं करते तथा खाने की आदतें भी दोषपूर्ण हैं, कुल मिलाकर आरामदायक तथा मेहनत बिना जीवन शैली!

यह तो सभी जानते हैं कि वसा हृदय की धमनियों में रुकावट पैदा करती है। यही वसा तथा कोलेस्ट्रोल के नाम से जानी जाती है। सालों से यह कोलेस्ट्रोल धमनियों में परत दर परत जमता जाता है। जब यह खतरे की सभी सीमाएं पार कर जाता है तो धमनियां में रक्त प्रवाह में बाधा हो जाती हैं तथा कोरोनरी धमनियों की बीमारी को जन्म देता है।

पिछले 50 सालों से धमनियों में बाधा के लिए कोलेस्ट्रोल ही मुख्य तत्त्व माना जाता है। लेकिन पिछले एक दशक से 'ट्रिगलोसराईड' नामक वनस्पति भी धमनियों में बाधा के लिए इतनी ही जिम्मेदार मानी जाती है। वनस्पति वसा आजकल 'कुकिंग ऑयल' के रूप में जानी जाती है। ऑयल उत्पादक कंपनियां लोगों की नासमझी का शोषण कर रही हैं तथा उन्हें यह मानने के लिए मजबूर कर रही हैं कि वे तेल हानिरहित हैं। तरह-तरह के लुभावने विज्ञापनों के माध्यम से अपनी बिक्री बढ़ा रहे हैं। कोलेस्ट्रोल फ्री तेल या जीरो कोलेस्ट्रोल तेल जैसे विज्ञापन सूचना माध्यमों में देखे जा सकते हैं। यह ठीक है कि वनस्पति वसा से प्राप्त कोलेस्ट्रोल उतना हानिकारक नहीं होता जितना मांस, दूध जैसे पदार्थों से प्राप्त कोलेस्ट्रोल होता है। विज्ञापन की दुनिया से चकाचौंध व्यक्ति इन तेलों को खरीद लेता है लेकिन वह यह समझ नहीं पाता कि यह तेल भी शतप्रतिशत वसा होते हैं तथा उतने ही हानिकारक होते हैं। तेलों में भी ऊंचे स्तर की कैलोरी मात्रा होती है जो मोटापा, मधुमेह तथा उच्च रक्तचाप का कारण भी बन सकती हैं। इसलिए बेहतर यही है कि अपने भोजन में से वसा तत्त्व को कम से कम किया जाए।

वसा हर तरह के खाद्य पदार्थों में पाई जाती है क्योंकि सभी तरह के पदार्थों में

किसी न किसी रूप में वसा छिपी होती है। इसका मतलब यह नहीं कि वसा के सभी दृश्य स्रोतों को समाप्त कर दिया जाए। अब प्रश्न यह उठता है कि बिना तेल के स्वादिष्ट भोजन किस प्रकार बनाया जाए?

बिना तेल के खाना कैसे बनेगा? क्या उसमें स्वाद भी होगा? अगर आप ढंग से विचार करें तो उत्तर हां में मिलेगा। क्योंकि स्वाद तो मसालों से आता है। तेल में अपने आप का कोई स्वाद नहीं होता। यह तो हमारे सोचने का तरीका है जो इतने सालों में विकसित हो गया है। जब हम तेल हटाने को कहते हैं तो मसाले अपने आप हट जाते हैं। ऐसा इसलिए होता है क्योंकि गृहणियां यह नहीं जानती कि अगर बर्तन में तेल नजर नहीं आ रहा तो मसाले कैसे मिलाए जाएं। इससे साओल को 'जीरो तेल' के विचार को विकसित करने का ख्याल आया। हमारा मतलब है तेल की एक बूंद के बगैर खाना पकाना। साओल भोजन तथा मसाले को पानी में पकाता है ताकि मसालों का रंग, स्वाद आदि बना रहे।

साओल यह भी महसूस करता है कि लोगों के स्वभाव को इतनी जल्दी बदलना आसान नहीं है। वे पानी को पकाने के साधन के रूप में स्वीकार नहीं कर पाएंगे। इसलिए हमने पानी को साओल तेल की संज्ञा दी है। आपके भोजन में जीरो ऑयल अवधारणा को सामने लाकर, कोलेस्ट्रोल के खतरे को कम करने में मदद मिलेगी। उच्च कैलोरी मात्रा खत्म होने से, वजन बढ़ने की संभावना भी खत्म हो जाती है। हम दावे के साथ कह सकते हैं कि साओल तेल में न वसा है न कोलेस्ट्रोल साथ ही शतप्रतिशत खनिज।

साओल की धारणा

साओल एक राजस्थानी (मारवाड़ी) शब्द है जिसका मतलब–कार्य को सही दिशा में बेहतर ढंग से करना है। साओल जीवन जीने की कला एवं विज्ञान है।

हम हृदय उपचार एवं देखभाल के क्षेत्र में अग्रणी हैं। हमारा "साओल हार्ट प्रोग्राम" मेडिकल साइंस व जीवन जीने की कला का मिश्रण है। हमने अपना प्रोग्राम इतना सुविधाजनक बना दिया है कि कोई भी हृदय रोगी इसका आसानी से प्रयास कर सकता है। इस प्रोग्राम में आधुनिक अंग्रेजी दवाइयों के साथ-साथ योग, आयुर्वेद, तनाव पर नियंत्रण को शामिल किया है। यह संयुक्त उपाय न केवल हृदय संबंधित बीमारियों को रोकता है बल्कि हृदय धमनियों में रूकावटों को भी खत्म करता है।

हमारा मुख्य उद्देश्य आत्मविश्वास की भावना का पोषण करना एवं रोगी को इस काबिल बनाना है कि वह अपनी आदतों पर स्वयं निगाह रख सके। स्वस्थ जीवन शैली अपनाने को अपना प्राथमिक कर्त्तव्य माने। व्यवहार में साओल निम्नलिखित तरीके प्रयोग में लाता है-

❏ चिकित्सा संबंधी मूल्यांकन
❏ खतरों का मूल्यांकन
❏ शारीरिक क्षमता के अनुरूप व्यायाम
❏ व्यक्ति परक व्यायाम कार्यक्रम
❏ खतरा दूर करने में सहयोग एवं ज्ञान
❏ पथ्य नियम समझाना एवं परामर्श
❏ धूम्रपान त्यागना
❏ तनाव पर नियंत्रण
❏ योग
❏ ध्यान/चिन्तन

'साओल हार्ट प्रोग्राम' का विकास लेखक ने स्वयं किया है तथा पिछले सात

वर्षों से हृदय रोगियों का सफलतापूर्वक उपचार किया गया है। इस कार्यक्रम के अंतर्गत अब तक 5000 से भी अधिक रोगियों को हृदय धमनियों की बीमारी के चंगुल से मुक्त कराने में सफलता मिली है। हम अपना कैम्प देश के सभी बड़े शहरों में लगाते हैं। हमारे निम्नलिखित कार्यालय हैं :

मुख्य कार्यालय

दिल्ली
26235168, 26211908,

26283098

शाखा कार्यालय

कोलकाता
24641140, 27021244

चेन्नई
22260209, 22260935

मुम्बई
56995378, 28543088

बंगलौर
3462869, 3310856

हैदराबाद
23224084

नमकीन एवं स्वाद

क्या आपने कभी सोचा है कि हमारा मनपसंद व्यंजन हमें इतना स्वादिष्ट क्यों लगता है? ऐसा इसलिए होता है क्योंकि स्वाद की पहचान कराने वाली कोशिकाएं हमारी जीभ में तथा गले के पिछले भाग में होती है। ये कोशिकाएं काफी संवेदनशील होती हैं। यही स्वाद सम्बन्धी कोशिकाएं, मनपसंद भोजन लेने पर या जो व्यंजन हमें स्वादिष्ट लगता है लेने पर तीक्ष्ण उत्तेजना उत्पन्न करती हैं। जो हमें स्वाद का एहसास कराती हैं। हमारा शरीर हर दो सप्ताह में इन कोशिकाओं में बदलाव लाता है। विभिन्न तरह के स्वादों का एहसास कराने के लिए हमारी जीभ में अलग-अलग क्षेत्र प्रकृति की ओर से नियत किए गए हैं। जैसे मीठे के स्वाद की उत्तेजना जीभ के ऊपरी भाग में अधिकतम होती है जबकि निचले भाग की ओर न्यूनतम होती है। इसके विपरीत कड़वे स्वाद का एहसास ऊपरी भाग पर न्यूनतम तथा निचले भाग पर अधिकतम होता है। जबकि नमकीन स्वाद का एहसास जीभ के सभी तरफ होता है। खट्टेपन का एहसास जीभ के दोनों किनारों की कोशिकाओं द्वारा होता है।

नाश्तों को तैयार करना आसान होता है जो आपकी भूख तथा स्वाद को संतुष्ट करेंगे। नाश्ते मुख्य भोजन से हल्के होते हैं तथा इन्हें सलाद के रूप में भी परोसा जा सकता है। इस प्रकार भारतीय नाश्तों में यह गुण मौजूद होता है।

नमक

भारतीय भोजन में नमक का विशेष स्थान है। हजारों सालों से नमक स्वाद के साथ-साथ भोजन को लंबे समय तक खराब होने से भी बचाता है। दुर्भाग्य से हमारे देश में नमक तथा स्वास्थ्य पर पड़ने वाले प्रभाव पर ध्यान ही नहीं दिया गया। नमक में 40 प्रतिशत सोडियम होता है जब इसे पानी में घोला जाता है तो

सोडियम तथा क्लोराईड के रूप में बंट जाता है। दोनों ही शरीर के लिए आवश्यक हैं तथा शरीर के ऊत्तकों में 'ओसमोटिक' संतुलन बनाने के लिए जरूरी होते हैं। खाने में उपलब्ध नमक शरीर की जरूरतों को पूरा नहीं करता। इसलिए नमक को भोजन में शामिल किया जाता है। भोजन में स्वाद बढ़ाने के साथ-साथ नमक शरीर की जरूरतों को सोडियम के रूप में भी पूरा करता है। भारत जैसे उष्ण कटीबंधीय देश में सोडियम की कितनी मात्रा जाहिए यह अभी तक निश्चित नहीं है। हमारे देश में नमक उपयोग की औसत मात्रा 20 ग्राम तक है जबकि एक वयस्क के लिए 15 ग्राम औसत मात्रा की जरूरत है।

तेल एवं उनकी संरचना

विभिन्न खाद्यों में वसा अदृश्य वसा के रूप में उपलब्ध होती है। दृश्य वसा घी, मक्खन, खाने के तेल आदि में होती है। वसा जिसमें उच्च तापमान में पिघलने का गुण होता है तो सामान्य तापमान में जमने का गुण होता है, चर्बी युक्त वसा कहलाती है। जबकि निम्न तापमान पर पिघलने तथा सामान्य तापमान पर तरल रहने वाले पदार्थ तेल कहलाते हैं।

वसा ऊर्जा का मुख्य स्रोत होती है। वसायुक्त पदार्थ अमाशय में से मुश्किल से निकल पाते हैं तथा पाचन शक्ति को कमजोर करते हैं। (1 ग्राम वसा में 9 कैलोरी)। सभी तरह की वसा में विभिन्न अनुपात में तीन तरह के संयोजक होते हैं-सैचुरेटिड वसा, अनसैचुरेटिड वसा तथा पोली अनसैचुरेटिड वसा। बहुत से लोग यह विश्वास करते हैं कि सनफ्लावर या जैतून का तेल प्रयोग में लाने से कोलेस्ट्रोल स्तर कम होगा जबकि यह सत्य नहीं है। भोजन में कोई भी तेल कोलेस्ट्रोल के स्तर को बढ़ायेगा।

इसका कारण यह है कि कुछ तेलों में अपेक्षाकृत सैचुरेटिड वसा अधिक होती है। सभी तेलों में कुछ न कुछ सैचुरेटिड वसा अवश्य होती है। इसलिए जितना अधिक उपभोग उतनी ज्यादा सैचुरेटिड वसा। इससे मोटापा, धीमी पाचन प्रक्रिया, आवश्यक न्यूटरिएंट को समाहित न कर पाना आदि परेशानियां हो जाती हैं जो हृदय संबंधी बीमारियों का कारण बनती हैं। सैचुरेटिड वसा में खून को गाढ़ा करने की तासीर होती है जो धमनियों को अवरुद्ध करती है। कुछ खाद पदार्थों में उच्च मात्रा में दृश्य सैचुरेटिड वसा होती है इसलिए इन पदार्थों को भोजन में स्थान नहीं देना चाहिए। हमारी खाने की आदतें भी हृदय रोगों के लिए काफी हद तक जिम्मेदार हैं।

यद्यपि कुछ मात्रा में कोलेस्ट्रोल हमारे शरीर के लिए आवश्यक होता है क्योंकि यह खून को संपूर्ण शरीर में सर्कुलेट करता है। लेकिन अधिक मात्रा में कोलेस्ट्रोल हानिकारक भूमिका निभाता है। फालतू कोलेस्ट्रोल खून में मोटी परत बनाता है चाहे कोई स्वस्थ्य या पतला दुबला क्यों न नजर आए। ये धमनियों में जमा हुई मोटी परतें हृदय की सामान्य गतिविधि को प्रभावित करती हैं जिससे उच्च तनाव, हृदय आघात तथा धड़कन के रुकने की संभावना प्रबल हो जाती है। इन सब दुष्प्रभावों को रोकने के लिए अपने भोजन में वसायुक्त पदार्थों को तिलांजलि दे दें तथा सभी तरह के मांस, अंडा, मछली, दूध तथा दूध से बने पदार्थों से तौबा कर लें।

तेलों की संरचना तथा वसा की मात्रा

तेल	संतृप्त	एकल संतृप्त	बहु संतृप्त
कपास का तेल	91	8	1
कपास के बीज का तेल	34	26	40
मूंगफली का तेल	20	54	26
सरसों का तेल	6	73	21
ताड़ का तेल	80	13	7
नारंगी पुष्प तेल	11	13	76
तिल का तेल	14	46	40
सोयाबीन का तेल	15	25	60
सूर्यमुखी का तेल	8	34	58
मक्का का तेल	17	25	58
जैतून तेल	1.8	98	1.2
नारियल का तेल	90	8.0	2.0
वनस्पति तेल	76	19	5

अनाज में कैलोरी

अनाज प्रति 25 ग्राम	ऊर्जा	कार्बोहाइड्रेट	प्रोटीन	वसा/चर्बी
बाजरा	90.3	16.9	2.9	1.5
जौ	84	17.4	2.9	0.33
मिलेट	82.75	15.2	3.2	1.07
ज्वार	87.25	18.15	2.6	0.48
मक्का	85.5	16.6	2.8	0.9
रागी	82	18.0	1.83	0.3
चावल	86.25	19.55	1.7	0.13
चावल फ्लेक	86.5	19.3	1.65	0.3
चावल पफ्ड	81.25	18.4	1.9	0.03
गेहूं का आटा	86.5	17.8	2.95	0.37
मैदा	87	18.48	2.75	0.23
अंकुरित गेहूं	99.25	13.33	7.3	1.85
सूजी	87	18.7	2.6	0.2
सेवइयां	88	19.5	2.1	0.1
ब्राउन ब्रेड	61	12.25	2.2	0.35
सफेद ब्रेड	61.25	12.9	1.95	0.18
बेसन	90	15.2	4.2	1.3

किन लोगों को नमक से परहेज करना चाहिए?

भारतीय व्यंजन नमक के बिना स्वादहीन समझे जाते हैं। यह स्वाद तो देता ही है, भोजन दूषित न हो इस रूप में भी इसे प्रयोग किया जाता है। लेकिन नमक का अधिक प्रयोग स्वास्थ्य पर विपरीत प्रभाव डालता है। मेडिकल साइंस के अनुसार निम्नलिखित वर्ग के लोगों को सावधानी बरतनी चाहिए।

(क) **नमक प्रभावित रक्तचाप :** लगभग 50 प्रतिशत उच्च रक्तचाप से पीड़ित लोग नमक प्रभावित हैं, उन्हें नमक प्रयोग में विशेष सावधानी बरतनी चाहिए। आप इस वर्ग में आते हैं या नहीं इसके लिए एक छोटा परीक्षण करें। चार दिन तक, दिन में दो बार रोजाना खाना खाने के दो घंटे बाद अपना रक्तचाप जांचें तथा एक कागज पर नोट कर लें। अब अगले चार दिन तक नमक की मात्रा कम करके रक्तचाप की जांच करें। यदि आपका रक्तचाप निम्न है तो आपके नमक प्रभावित रक्तचाप होने की संभावना है। इसको और अधिक पक्का करने के लिए नमक की 50 प्रतिशत मात्रा बढ़ाकर चार दिन बाद जांच करें। अगर आपका रक्तचाप उच्च हो जाता है तो निश्चित रूप से आप नमक प्रभावित रक्तचाप से पीड़ित हैं। इस प्रकार आपको नमक खाने से पहले अच्छी तरह सोच लेना चाहिए। लगभग 50 प्रतिशत लोग नमक प्रभावित उच्च रक्तचाप की चपेट में हैं तथा इस वर्ग के लोगों को इस बात की चिन्ता भी नहीं है कि नमक उनके लिए ज़हर का काम कर सकता है।

(ख) **हृदय आघात के बाद निम्न पम्पिंग शक्ति :** कुछ लोगों का हृदय एक बार आघात सहने के बाद उतनी शक्ति से रक्त को पम्प नहीं कर पाता जितना वह पहले करता था। अगर पम्पिंग शक्ति 35 प्रतिशत से कम है तो इस वर्ग के लोगों को भी नमक के मामले में सावधान हो जाना चाहिए।

(ग) शरीर में पानी की मात्रा : अगर हाथ, पांव, जांघ तथा चेहरे पर सूजन नजर आए तो समझना चाहिए कि शरीर पानी की अधिक मात्रा धारण कर रहा है इसलिए ऐसे लोगों के अधिक नमक से तौबा करनी चाहिए ताकि शरीर में और अधिक पानी न बने।

(घ) आंतों का खराब होना : जब आंतें ठीक ढंग से काम न कर रही हों तो वे दूषित पदार्थों को शरीर से बाहर नहीं निकाल पातीं। परिणामस्वरूप ये पदार्थ शरीर में इकट्ठा हो जाते हैं और शरीर को विभिन्न रूप में नुकसान पहुंचाते हैं। इन खतरों को ध्यान में रखते हुए नमक का सेवन करें।

पकाने के चुनिंदा तरीके

हमारे देश में नाश्ता या नमकीन तैयार करने के लिए खूब तेल-घी इस्तेमाल करने की परंपरा है जो हृदय रोगियों के लिए बहुत ही खतरनाक है। इसलिए हमारे द्वारा बताए तरीकों को अपनाकर देखिए -

(क) **भूनना** (Roasting) **:** भूनना तथा बेक करना लगभग एक समान है। यह कार्य 120^0 C तथा 260^0 C तापमान के बीच ओवन में किया जाता है। साधारणतया, पापड़ को भूना जाता है जबकि ब्रेड, केक तथा बिस्कुट पकाए जाते हैं। भोजन थोड़ा सूखी आंच पर पकाया जाता है तथा थोड़ा नमीदार आंच पर पकाया जाता है। अगर भोजन अधिक नमीदार है, पकाने के लिए भोजन का तापक्रम शुरू में नमी युक्त होना चहिए ताकि ठंडे पदार्थ को अनुकूल तापमान पर लाया जा सके। भूनना तथा पकाना प्रक्रिया द्वारा ओवन में ताप को विभिन्न क्रियाओं द्वारा परिवर्तित किया जाता है। कन्वेक्शन तरंगें ओवन के तापमान को एक समान रखती हैं। इस प्रक्रिया का यह लाभ है कि इसमें तेल बिलकुल भी प्रयोग में नहीं लाया जाता तथा भोजन स्वाद से भरपूर पकता है।

(ख) **उबालना :** उबालने का मतलब है पानी में पकाना। इस माध्यम में पानी में ताप परावर्तित होता है। इस प्रक्रिया में पानी बर्तन के साइडों/किनारों से ताप लेता है, जिस बर्तन में पकाया जा रहा है, जब तापमान बहुत उग्र हो जाता है तो भोजन के उबलने की क्रिया शुरू हो जाती है। पानी ताप का कुचालक होता है इसलिए अन्य तरल पदार्थों की अपेक्षा इसे अधिक तापमान की आवशकता होती है। पानी के उबलने का तापमान 100^0 C है तथा अधिक तापमान पर इसके स्वरूप में बदलाव आने लगता है।

(ग) **भाप द्वारा पकाना :** भाप में पकाने के लिए भाप एक माध्यम है। यह बिना पानी के कुकिंग तथा प्रेशर कुकिंग है। इस विधि द्वारा पकाने में नमींदार तापमान की आवश्यकता होती है। भोजन थोड़े पानी में भाप द्वारा पकाया जाता है। तथा पानी रहित कुकिंग में, खाद्य पदार्थ में उपलब्ध पानी को ही भाप के रूप में प्रयोग किया जाता है। प्रेशर कुकर एक ऐसा यंत्र है जिसके द्वारा कम समय में भोजन तैयार किया जाता है तथा प्रेशर बढ़ने से उबलने के लिए तापक्रम बिन्दू में अपने आप बढ़ोतरी होती है। भाप द्वारा भोजन पकाने में, खाद्य पदार्थ कुकर में निर्मित भाप में पक जाता है। भाप में खाद्य पदार्थ पकने की प्रक्रिया तब तक चलती जब तक कि पदार्थ का तापमान भी भाप के तापमान तक न पहुंच जाए।

बिना तेल/घी के मसाला भूनने का तरीका

कढ़ाई गर्म कीजिए। उसमें जीरा डाल कर भूनें, जब वह भूरे रंग का होने लगे और उसमें खुशबू आने लगे तब उसमें प्याज डालिए और धीरे-धीरे करछी से चलाएं। जब प्याज थोड़ा-थोड़ा चिपकने लगे तब उसमें थोड़ा-थोड़ा पानी डालिए और फिर चलाएं और उसके बाद उसमें लहसुन और अदरक डालें। ये तरीका तब तक दोहराएं जब तक प्याज हल्के भूरे रंग का न हो जाएं।

(नोट : पानी एक साथ नहीं डालेंगे क्योंकि उसमें उबले हुए खाने का स्वाद आने लगेगा।)

जब प्याज भूरे रंग का हो जाए तो उसमें पिसा हुआ टमाटर डाल दीजिए। उसमें थोड़ा सा पानी डाल कर भूनें। तब तक भूनते रहें जब तक वो तेल की तरह पानी छोड़ने लगे। तब उसमें हल्दी डाल कर थोड़ी देर भूनें क्योंकि हल्दी को पकाने में समय लगता है। उसके बाद उसमें नमक, मिर्च, धनिया डाल कर थोड़ी देर भूनें। उसमें जो सब्जी या दाल बनानी हो वो डालें और पकाएं। व्यंजन बनने के बाद उसमें गरम मसाला डालें और कटी हुई हरे धनिये के पत्तों से सजाएं।

अनुक्रमणिका

साबूदाना वड़ा

सामग्री

साबूदाना	–	2 कप
अंकुरित मूंग दाल	–	¼ कप (पिसी हुई)
हरी मिर्च	–	6–7
जीरा	–	¼ छोटा चम्मच
चीनी	–	2 चम्मच
नींबू	–	¼ छोटा चम्मच
नमक	–	1 छोटा चम्मच

विधि

1. साबूदानों को पानी में अच्छी तरह धोकर 2–3 घंटे तक बर्तन में ढककर रखें।

2. चीनी, जीरा तथा हरी मिर्च को इकट्ठे पीस लें। इस मिश्रण को साबूदाने में मिला दें।

3. अब इसमें नींबू अंकुरित दाल का चूरा तथा नमक मिलाएं। अच्छी तरह मिलाने के बाद छोटे–छोटे पेड़े बना लें, फिर इन्हें डिस्क आकार में फैला दें और ओवन में बेक करें।

4. धनिये की चटनी के साथ इसे गरम–गरम परोसें।

नोट :

1. *छोटा चम्मच* = *tsp*
2. *चम्मच* = *tbsp*

वैजी परम ग्राईंडर

सामग्री

मध्यम जुचीनी	– 1 पतला टुकड़ा
मध्यम पीला स्क्वैश	– 1 पतला टुकड़ा
प्याज	– 1 कटी हुई
पीली मिर्च	– 1 कटी हुई
हरी मिर्च	– 1 कटी हुई
मशरूम	– 4–5 कटे हुए
कुचला हुआ लहसुन	– 2 छोटा चम्मच
पिसी लाल मिर्च	– ½ चम्मच या स्वादानुसार

विधि

1. सारी सब्जियां तथा लहसुन 5 मिनट तक भूनें।
2. इसमें लाल मिर्च डालें।
3. इसे टमाटर सॉस में मिला दें।
4. मिश्रण के रोल बनाएं, फिर उसे बॉयलर में 30 सेकेंड तक रखें।

थालीपीठ

सामग्री

चावल का आटा	—	2 कप
प्याज	—	2–3
पिसी मिर्च	—	1½ छोटा चम्मच
हल्दी	—	1 चुटकी
धनिया	—	½ कप
नमक	—	स्वादानुसार

विधि

1. धनिया तथा प्याज को महीन काट लें। इसमें मिर्च, हल्दी तथा नमक मिलाएं।

2. इस मिश्रण को चावल के आटे में डालकर गूंथ लें। इसके बाद आटे की लोइयां बना लें।

3. इन लोइयों को प्लास्टिक शीट पर गोल फैलाएं। इस थालीपीठ को तवे पर रखें।

4. जब नीचे का हिस्सा अच्छी तरह सिंक जाए तो पलट दें तथा दूसरी तरफ से पकने दें।

5. दही के साथ परोसें।

भाप से बना हुआ वड़ा

सामग्री

चना दाल	– 1 कप
प्याज	– 2 मीडियम साइज
अदरक	– 1 चम्मच (टुकड़ा किया हुआ)
हरी मिर्च	– 1 या 2
सूखी लाल मिर्च	– 1 या 2
धनिया पत्ते	– ½ कप (कटे हुए)
हींग	– बड़ी चुटकी
सब्जियां	– इच्छानुसार
(कद्दूकस की हुई गाजर, कटा हुआ पालक)	
नमक	– स्वादानुसार
इनो	– 1 छोटा चम्मच
करी पत्ते	– कुछ

विधि

1. गर्म पानी में चना दाल 20 मिनट तक भिगोकर रखें।
2. मिक्सी में लाल मिर्च, हरी मिर्च, अदरक, नमक डालकर पेस्ट बना लें।
3. इसमें चने की दाल डालकर मोटा–मोटा पीस लें।
4. इस मिश्रण में कटी प्याज, सब्जियां, करी पत्ता तथा धनिया डालें।
5. नमक तथा मसाले अपने स्वादानुसार डालें।
6. अब पिट्ठी तैयार है चाहें तो छोटे भागों में मसाला बड़ा कुरकुरा भुन लें या इडली प्लेट 10 मिनट तक रखकर भाप दे दें।
7. इडली प्लेट को ग्रीस करके सांचों को पिट्ठी से भरें।
8. मिश्रण में इनो साल्ट मिला सकते हैं।
9. 10 मिनट तक पिट्ठी को भाप देने के बाद ठंडा करके निकाल लें।
10. चटनी या सांबर के साथ गरमागरम परोसें।

मिनी इडली

सामग्री

सूजी	– 1 कप
सपरेटा दूध की दही	– ½ कप
इनो फ्रूट साल्ट	– 1 चम्मच
नमक	– स्वादानुसार
लाल मिर्च पाउडर	– ½ छोटा चम्मच
पानी	– आवश्यकतानुसार

तड़का लगाने के लिए सामग्री

पत्ता गोभी	– 1 कप (बारीक कटी हुई)
शिमला मिर्च	– ½ कप (बारीक कटी हुई)
गाजर	– ½ कप (बारीक कटी हुई)
करी पत्ता	– 10–15
राई	– 1 छोटा चम्मच
नमक केवल सब्जियों के लिए	
सिरका	– ½ छोटा चम्मच
सोया सॉस	– 1 छोटा चम्मच
हरी मिर्च	– 2–3
चीनी	– 1 चुटकी
कालीमिर्च	– ½ चम्मच (कुचली हुई)

विधि

इडली के लिए

1. सूजी, दही, नमक तथा लाल मिर्च को पहले मिला लें।
2. 5 से 6 मिनट तक रखें। इसमें पानी डालकर पतला गूंथ लें।
3. इनों मिलाने के बाद, इडली स्टैंड में 8–10 मिनट तक भाप दें।

तड़के के लिए

1. गर्म नॉन स्टिक बर्तन में राई, करी पत्ता तथा हरी मिर्च अच्छी तरह मिलाएं।

2. फिर गाजर तथा शिमला मिर्च डालकर एक मिनट तक भूनें। फिर इसमें सिरका, सोया सॉस, नमक, चीनी अच्छी तरह मिलाएं।

3. फिर बंद गोभी डालकर हिलाएं। इसमें इडली डालकर एक मिनट तक मिलाए रखें।

4. ऊपर से काली मिर्च बुरक कर सजाएं।

5. हरी चटनी के साथ परोसें।

पनीर कार्न (सूजी) वेफल्स

सामग्री

सूजी	– ½ कप
उड़द दाल आटा	– ½ कप
सपरेटा दूध का दही	– 1 चम्मच
हरी मिर्च	– 1 छोटा चम्मच
जीरा	– ½ छोटा चम्मच
हींग	– ¼ छोटा चम्मच
धनिया हरा	– 1 चम्मच (बारीक कटा हुआ)
इनो फ्रूट नमक	– ½ छोटा चम्मच
नमक	– स्वादानुसार
स्वीट कार्न	– ½ कप
शिमला मिर्च	– ¼ कप (कटी हुई)
टमाटर	– 2 (बीज निकालकर काटा हुआ)
पनीर	– ½ कप (टुकड़े किया हुआ)

विधि

1. सूजी, उड़द की दाल का आटा, दही, हरी मिर्च, जीरा, हींग, धनिया तथा नमक में एक कप पानी मिला लें। अच्छी तरह मिलाएं।
2. इस मिश्रण में फ्रूट नमक मिलाएं।
3. तवे को गर्म कर लें।
4. तवे पर थोड़ा सा दही मसल लें। इस पर आधा मिश्रण डालकर फैलाएं फिर दो मिनट तक पकाएं।
5. बेफल पर टॉपिंग मिक्सचर बुरक दें तथा बेफल तवे पर एक से दो मिनट तक गर्म करें जब तक पनीर भुन न जाए।
6. इसी तरह बचे हुए मिश्रण को प्रयोग में लाएं।
7. गरमागरम परोसें।

मटर पैटीज

सामग्री

आलू	—	1 किलोग्राम
ब्रेड स्लाइस	—	10–12
नमक	—	1 स्वादानुसार

भरने का मसाला

मटर	—	1 किलोग्राम
नींबू का रस	—	2–3 बड़ा चम्मच
नमक	—	स्वादानुसार
चीनी	—	3–4 छोटा चम्मच
धनिया पत्ता	—	½ कप (बारीक कटा हुआ)
जीरा	—	2 छोटा चम्मच
हरी मिर्च	—	8–10

विधि

पैटीज में भरने की सामग्री

1. ताजी मटर उबालें।
2. जीरा तथा हरी मिर्च को पीस कर पेस्ट बना लें।
3. उबली मटर, नमक, चीनी, नींबू का रस, कटा हुआ धनिया तथा आधा चम्मच जीरा, मिर्च का पेस्ट सभी सामग्री अच्छी तरह मिला लें।

कवरिंग

1. उबले हुए आलुओं को छील लें तथा पिट्ठी बना लें।
2. थोड़े से पानी में ब्रेड भिगो दें।
3. ब्रेड पीस में से पानी निचोड़ लें और फिर उसे हाथ से मैश कर लें।

4. आलू की पिट्ठी तथा ब्रेड को मिला लें। फिर इसमें बचा हुआ मिर्च व जीरे का पेस्ट मिलाएं।

5. इस मिश्रण को गूंथ लें तथा छोटी–छोटी लोइयां बना लें।

6. लोई को बेल कर उसमें दो चम्मच मटर का बनाया मसाला भरें।

7. मसाला भरने के बाद लोई को किनारों से मोड़ कर पैटीज आकार में तैयार कर लें।

8. फिर इनको ब्रेड–क्रम्ब में रोल करें।

9. इनको गोल्डन भूरा होने तक पकाएं।

10. मीठी या खट्टी इमली की चटनी या हरी मिर्च और धनिये की चटनी के साथ परोसें।

चटपटे बेबी कॉर्न

सामग्री

बैनी कॉर्न	– 200 ग्राम
धनिया पेस्ट	– 1 चम्मच
दही	– ½ कप
हरी मिर्च	– 2 (कटी हुई तथा बीच निकाले हुए)
नमक	– 1 छोटा चम्मच
हल्दी	– 1 चुटकी
चाट मसाला	– थोड़ा सा छिड़कने के लिए

विधि

1. सारी सामग्री प्रेशर कुकर में पकाएं तथा आंच से उतार लें।
2. कुकर का ढक्कन खोलकर पानी सुखाएं।
3. चाट मसाला बुरककर परोसें।

धनिया और सब्जी चक्र

सामग्री

ब्रेड	– 6 स्लाइस
आलू	– 1 बड़ा (उबालकर कुचला हुआ)
गाजर	– 1 (कद्दूकस किया हुआ)
शिमला मिर्च	– 1 (बारीक कटा हुआ)
सोया सॉस	– 2 छोटा चम्मच
टमाटर सॉस	– 2 छोटा चम्मच
काली मिर्च	– ½ छोटा चम्मच
मिर्च पाउडर	– ¼ छोटा चम्मच
नमक	– स्वादानुसार
धनिया	– कुछ पत्ते
प्याज	– 1 बारीक कटी हुई

विधि

1. कड़ाही में ¼ कप पानी में प्याज डालें। मुलायम होने तथा पानी सूखने तक पकाएं।
2. सब्जियां डालकर कम आंच पर 2 मिनट तक पकाएं।
3. आंच कम कर लें। इसमें आलू, सोया सॉस, टमाटर सॉस, नमक, काली मिर्च तथा पिसी मिर्च मिलाएं। फिर 2–3 मिनट तक पकाएं तथा उतार कर रख दें।
4. बिस्कुट कटर की सहायता से ब्रेड को गोलाकार में काट लें।
5. 180^0C तापमान पर 8 मिनट तक पकाएं। जब कुरकुरे हो जाएं तो लहसुन या मसाला मिर्च के साथ टोमैटो सॉस डालकर डालें।
6. धनिया के पत्तों से सजाएं।

पंजाबी समोसा

सामग्री

मैदा	– 3 कप
नमक	– चुटकी भर
आलू	– ½ किलोग्राम
मटर	– 1 कप
लालमिर्च पाउडर	– 1 छोटा चम्मच
हल्दी	– ¼ छोटा चम्मच
अमचूर	– 1 छोटा चम्मच
चीनी	– 2 छोटा चम्मच
हरा धनिया	– कटा हुआ (मुट्ठी भर)
हरी मिर्च	– 5–6 (बारीक कटी हुई)
नमक	– स्वादानुसार
जीरा	– ½ छोटा चम्मच
हींग	– चुटकी भर
गर्म पानी	– आवश्यकतानुसार

विधि

कवरिंग

1. मैदा तथा नमक को अच्छी तरह मिलाएं।
2. इसे गूंथ कर एक से दो घंटे तक रखें।

भरने का मसाला

1. आलू उबाल कर छिलका उतार लें तथा महीन टुकड़े कर लें। ताजा हरी मटर को उबालें।
2. कड़ाही में जीरा, हींग तथा कटी हुई हरी मिर्च

डालें। फिर अच्छी तरह भूनें।

3. हल्दी, लाल मिर्च पाउडर, उबली हुई मटर तथा आलू मिलाएं।

4. नमक, चीनी, अमचूर तथा धनिया मिलाते हुए अच्छी तरह मिश्रण बना लें।

5. गैस बंद कर दें। मिश्रण को ठंडा होने दें।

6. गूंथी हुई मैदा की छोटी लोइयां बना लें। फिर उन्हें बेल कर दो हिस्सों में काट लें।

7. हर आधे भाग का कोन बना लें।

8. हर कोन को बनाए हुए मिश्रण से भर लें तथा किनारों से बंद कर दें। चार–पांच समोसे बना लें।

9. फिर इन समोसों को लाल होने तक बेक करें।

10. टोमैटो कैचप तथा धनिये की चटनी के साथ गरमागरम परोसें।

मसाला टोमैटो

सामग्री

टमाटर	– 3 बड़े सख्त
प्याज	– 1 (बारीक कटी हुई)
गाजर	– ½ कप (छीलकर कसी हुई)
धनिया पत्ता	– ¼ कप (बारीक कटा हुआ)
हरी चटनी	– ¼ कप
जीरा पाउडर	– 1 चम्मच
नमक	– स्वादानुसार
पफ्ड धुले हुए चावल	– 1 कप

विधि

1. टमाटर को गोल काट लें।
2. प्लेट पर व्यवस्थित करें।
3. हर टमाटर पर दोनों चटनी थोड़ी–थोड़ी रखें।
4. इस पर नमक तथा जीरा पाउडर बुरकें।
5. फिर कद्दूकस की हुई गाजर बुरकें तथा कटी हुई प्याज रखें।
6. ऊपर से चावल बुरकें।
7. इसे धनिये से सजाएं।
8. तुरंत परोसें।

चटपटी चाट

सामग्री

मक्का के दाने	—	½ कप (उबाले हुए)
आलू	—	1 मध्यम साइज (उबले और छीले हुए)
प्याज	—	1 मध्यम साइज (कटी हुई)
कार्नफ्लैक्स	—	½ कप
हरी मिर्च	—	2 बारीक कटी हुई
अदरक	—	1 चम्मच बारीक कटा हुआ
पुदीना पत्ता	—	5–6 बारीक कटे हुए
हरा धनिया	—	1 चम्मच बारीक कटे हुए
नींबू रस	—	2 चम्मच
चाट मसाला	—	½ चम्मच
नमक	—	½ चम्मच
सफेद सिरका	—	¼ चम्मच

विधि

1. मिर्च, अदरक, आलू को दो मिनट तक भूनें।
2. ठंडा होने दें। फिर इसमें सारी सामग्री अच्छी तरह मिला दें।
3. बन के साथ परोसें।

बिना प्याज का उत्तपम

सामग्री

उड़द दाल	– 1 कप
चावल	– 2 कप
टमाटर	– 2 बड़े
हरी मिर्च	– 4–5
नमक	– स्वादानुसार
चीनी	– 1 छोटा चम्मच
हरा धनिया	– बारीक 2कटा हुआ

विधि

1. उड़द धुली दाल तथा चावल को अलग–अलग भिगो लें।
2. फिर दोनों को मिलाकर पीस लें व पिट्ठी बना लें तथा इसे बर्तन में ढंक कर रात भर रखें।
3. उत्तपम बनाने से पहले हल्का नमक मिला दें। उसमें एक कप पानी डालें तथा अच्छी तरह मिलाएं। यह मिश्रण गाढ़ा होना चाहिए।
4. टमाटर, हरी मिर्च व धनिये को बारीक काट लें तथा उसमें चीनी व नमक में मिला दें।
   (क) कटे हुए मिश्रण को उड़द दाल की मिश्रण में मिलाएं।
   (ख) तवा गर्म करके एक चम्मच पानी डालें तथा कपड़े से पोंछ लें।
5. एक करछी मिश्रण को तवे पर डालें तथा फैला लें।
6. तवे को ढककर कुछ मिनट पकाएं जब तक कुरकुरा न हो जाए।
7. अब उत्तपम को पलट लें तथा कुरकुरा होने तक पकाएं।
8. आंच से उतार लें और सांबर चटनी के साथ गरमागरम परोसें।

सीक कबाब

सामग्री

लहसुन पेस्ट	– ½ छोटा चम्मच
अदरक पेस्ट	– 1 छोटा चम्मच
हरी मिर्च	– 1 बारीक कटी
हरा धनिया	– बारीक कटा हुआ
लाल मिर्च पाउडर	– 1 छोटा चम्मच
गर्म मसाला	– ½ छोटा चम्मच
सूखी मेथी पत्तियां	– 1 छोटा चम्मच
जायफल पाउडर	– ¼ छोटा चम्मच
मक्के का आटा	– 3 छोटा चम्मच
बेसन	– 1 कटोरी
तन्दूर मसाला	– ½ छोटा चम्मच
पपीते के बीज का पाउडर	– 1 छोटा चम्मच
संतरी और ला खाने खाने का रंग	
काजू का पाउडर	– 2 छोटा चम्मच
नींबू का रस	– 1 कप
नमक	– स्वादानुसार

चटनी सामग्री

पुदीना पत्तियां	
धनिया पत्तियां	
दही	– 1 छोटा चम्मच
नमक	– स्वादानुसार

विधि

1. सारी सामग्री मिलाकर पेस्ट बना लें।
2. मक्की का आटा तथा बेसन मिलाकर गूंथ लें।
3. इस पिट्ठी को सख्त होने के लिए एक घंटा फ्रिज में रखें।

4. सख्त होने के बाद, हाथ से बेलनाकार लम्बा कर लें तथा 3–4 इंच आकार का 20 से 24 रोल बना लें।

5. कबाब को सींखचों में लगाकर रोस्ट करें।

6. 4 से 5 मिनट बाद दोनों तरफ से भुन जाने पर सींखचों से निकाल लें।

7. फिर इनमें नींबू निचोड़ें।

8. कटी हुई गोभी, टमाटर तथा गोल कटी प्याज से सजाएं।

9. पुदीना चटनी के साथ परोसें।

सीक कबाब

भेल

भेल

सामग्री

कुरमुरे	– ½ किलोग्राम
प्याज	– 4
टमाटर	– 3–4
आलू	– 4
कच्चा आम	– 1
ताजे धनिये की पत्तियां	

मीठी चटनी

खजूर	– ¼ किलोग्राम
इमली	– ¼ कप
गुड़	– 1–¼ चम्मच
लाल मिर्च पाउडर	– 1 छोटा चम्मच
धनिया, जीरा पाउडर	– ¼ छोटा चम्मच
नमक	– स्वादानुसार

चटनी

हरी मिर्च	– 15–20
पुदीना पत्तियां	– 20–25 पत्तियां
हरा धनिया	– ½ कप ताजी पत्तियां
नमक	– स्वादानुसार

विधि

मीठी चटनी

1. खजूर, इमली, गुड़ तथा नमक को दो कप पानी में घोलें।
2. तीन–चार बार उबालें।
3. आंच से उतारकर ठंडा होने दें।

4. पीस कर छलनी में छान लें।

5. इसमें दो कप पानी, पिसा धनिया, जीरा, लाल मिर्च तथा नमक अच्छी तरह मिलाएं।

हरी चटनी

1. हरी मिर्च, पुदीना एवं धनिया को पीसकर पेस्ट बना लें।

2. इसमें दो कप पानी डालकर मिलाएं।

भेल

1. कच्चे आम, प्याज तथा टमाटर को बारीक काट लें।

2. आलू उबालकर छिलका उतार लें तथा छोटे–छोटे टुकड़े कर लें।

3. कुरमुरा, मीठी चटनी तथा हरी चटनी को अच्छी तरह मिलाएं।

4. इसमें कटे हुए प्याज तथा आलू मिलाएं।

5. प्लेट में परोस कर ऊपर से कटी हुई प्याज, टमाटर तथा आम से सजाएं।

ब्रेड स्नैक्स

सामग्री

ब्रेड स्लाइस	– 4–5
प्याज	– 1 बड़े साइज की
हरी मिर्च	– 2
हल्दी	– ¼ छोटा चम्मच
नमक	– स्वादानुसार
नींबू का रस	– 1 छोटा चम्मच

तड़के के लिए सामग्री

सरसों के दाने	– 1 छोटा चम्मच
जीरा	– 1 छोटा चम्मच
करी पत्ता	– 4–5
हींग	– चुटकी भर

सजाने के लिए ताजे हरे धनिये की पत्तियां

विधि

1. ब्रेड को छोटे टुकड़ों में काट लें।
2. प्याज बारीक काट लें।
3. इसमें तड़के की सामग्री मिलाएं।
4. सरसों के दाने तड़क जाने पर, जीरा, कटी हुई मिर्च, करी पत्ता तथा हींग डालें।
5. प्याज डालकर कम चिकनाई में भूनें।
6. ब्रेड के टुकड़ों में थोड़ा पानी छिड़कें। इसमें हल्दी, नमक डालकर मिलाएं।
7. ब्रेड के टुकड़ों को अच्छी तरह चलाएं। कुछ मिनटों तक बर्तन को ढककर पकाएं।
8. ऊपर से हरे धनिये से सजाकर गरमागरम परोसें।

टमाटर आमलेट

सामग्री

ब्रेड स्लाइस	– 4–6
चने का आटा	– 1–½ चम्मच
प्याज	– 1 बड़ा साइज
टमाटर	– 1 बड़ा साइज
हरी मिर्च	– 3–4
धनिया	– 1चम्मच कटा हुआ
नमक	– स्वादानुसार

विधि

1. प्याज, टमाटर, हरी मिर्च तथा धनिये को बारीक काट लें।
2. चने के आटे में कटी प्याज, टमाटर, हरी मिर्च तथा नमक मिलाएं।
3. पानी डालकर अच्छी तरह मिलाएं तथा मिश्रण बना लें।
4. तवा गर्म करें।
5. मिश्रण डालें।
6. चपटी करची की मदद से किनारों से धीरे उठाएं तथा पलट दें एवं पकने दें।
7. आंच से उतार लें।
8. टमाटर की चटनी, धनिये की चटनी तथा ब्रेड के साथ गरमागरम परोसें।

चिवड़ा पोहा

सामग्री

चिवड़ा	– ¼ किलोग्राम
प्याज	– 1 बड़ी
हरी मिर्च	– 3
नींबू का रस	– 1 छोटा चम्मच
नमक	– स्वादानुसार
चीनी	– 2 छोटा चम्मच
हल्दी	– ¼ छोटा चम्मच
सरसों दाने	– ½ छोटा चम्मच
करी पत्ता	– 4–5
हींग	– एक चुटकी
सजाने के लिए हरा ताजा धनिया बारीक कटा	

विधि

1. पोहे को पानी में धो लें।
2. पानी को छलनी से निकाल लें तथा 5–10 मिनट रखा रहने दें।
3. पोहे में हल्दी तथा नींबू डालकर मिलाएं।
4. प्याज महीन काट लें।
5. कड़ाही गर्म करके मसाले की सामग्री डालें।
6. जब तड़क जाए तो कटी हुई हरी मिर्च, हींग तथा करी पत्ता डालें।
7. प्याज डालकर भूनें तथा चलाएं।
8. नमक तथा चीनी अच्छी तरह मिलाएं।
9. पोहा डालकर खूब घुमाएं। कुछ समय के लिए ढककर पकने दें।
10. हरी धनिया बुरककर सजाएं।
11. गरमागरम परोसें।

अरबी बड़ी

सामग्री

अरबी पत्तो	–	12–14 बड़े साइज
चने दाल का आटा	–	2 कप
चावल आटा	–	¼ कप
लाल मिर्च पाउडर	–	2 छोटा चम्मच
हल्दी	–	¼ छोटा चम्मच
नमक	–	1 छोटा चम्मच
गुड़,		
इमली		
हरा धनिया	–	बारीक कटा हुआ

भरने के लिए सामग्री

धनिया पाउडर	–	1–½ छोटा चम्मच
जीरा	–	½ छोटा चम्मच
खस–खस	–	½ छोटा चम्मच
काली मिर्च	–	15–16 साबुत
दालचीनी	–	3–4 टुकड़े
लहसुन	–	7–8 कलियां
अदरक	–	1 छोटा टुकड़ा
लौंग	–	4

विधि

1. सारे मसाले पीसकर चूर्ण बना लें।
2. इमली का पानी, गुड़, पीसी मिर्च, हल्दी तथा नमक मसाले में मिलाएं।
3. इसमें चना तथा चावल का आटा मिलाएं।
4. पानी मिलाकर गाढ़ी पिट्ठी बना लें।
5. पत्तों के डंठल काट कर धो लें फिर सुखा लें।

6. पत्तों को प्लेट पर रखें तथा पेस्ट को पतला फैला लें। ऊपर से दूसरे पत्ते रखें तथा यही प्रक्रिया 3–4 बार करें।
7. पत्तों को सब तरफ से फोल्ड कर लें।

प्रक्रिया–II

1. इन पत्तों को रोल कर लें तथा पेस्ट दोनों तरफ से लगाएं ताकि पत्ते ढीले न हो जाएं।
2. इसी तरह 3–4 रोल बना लें।
3. इन पर छलनी रखकर 15 मिनट तक भाप दें।

पक्रिया–III

1. कड़ाही गर्म करें।
2. राई तथा हींग डालें। जब राई तड़कने लगे तो रोल को गाले टुकड़ों में काटकर कड़ाही में डालें तथा भूनें। जब कुरकरे हो जाएं तो आंच से उतार लें।

प्रक्रिया–IV

धनिया बुरककर सजाएं फिर स्वाद लें।

बनाना फ्राई (केला)

सामग्री

कच्चे केले	–	2
हल्दी	–	½ छोटा चम्मच
लालमिर्च पाउडर	–	2½ छोटा चम्मच
इमली गुदा	–	2½ छोटा चम्मच
नमक	–	स्वादानुसार
सूजी	–	½ कप

विधि

1. कच्चे केले को धो लें तथा चाकू की मदद से छिलका उतार लें। फिर पतले गोलाकार में काट लें।

2. कटे हुए केले में हल्दी, लाल मिर्च, नमक, इमली मिला दें।

3. ½ घंटे तक रखे रहने दें।

4. इन टुकड़ों को सूजी में मिला दें।

5. हल्की आंच पर इन्हें दोनों तरफ से भूनें तथा भूरा होने पर उतार लें।

मिक्स दाल का डोसा

सामग्री

चावल	–	1½ कप
चना दाल	–	½ कप
मूंग दाल	–	½ कप
उड़द दाल	–	½ कप
दही	–	1 कप
खमीर	–	1 चुटकी
हरी मिर्च पेस्ट	–	2 छोटा चम्मच
नमक	–	स्वादानुसार
चटनी सामग्री		
दही	–	½ कप
हरी मिर्च	–	2–3
सरसों दानें	–	1 छोटा चम्मच
हींग	–	एक चुटकी
करी पत्ता	–	5–6
नमक	–	स्वादानुसार

विधि

चटनी बनाने के लिए

1. एक जार में दही, हरी मिर्च तथा नमक डालें और उसे अच्छी तरह मिलाकर पेस्ट बना लें।

2. गर्म कड़ाही में सरसों, हींग, करी पत्ता भूनें।

3. इसे पेस्ट में डालकर मिलाएं, आपकी चटनी तैयार है।

डोसा बनाने के लिए

1. 2 घंटे के लिए चावल तथा अन्य दालें गर्म पानी में भिगोएं।

2. फिर दाल तथा चावल मिलाकर पेस्ट बना लें। इस पेस्ट में दही मिलाएं तथा 5 से 6 घंटों तक रखे रहने दें।

3. इसमें हरी मिर्च का पेस्ट, एक चुटकी खमीर तथा नमक स्वादानुसार डालकर मिश्रण बना लें।

4. गर्म आंच पर तवा गर्म करें। एक बड़ा चम्मच मिश्रण लेकर तवे पर चीले की तरह फैला लें।

5. दोनों तरफ से पकाकर उतार लें। इसी तरह और बनाएं।

6. गरमागरम चटनी के साथ परोसें।

कॉर्न बोट

सामग्री

मक्का के दाने	– 15 ग्राम
कच्चा केला	– 25 ग्राम
साबुत लाल चना	– 5 ग्राम
हरा चना	– 5 ग्राम
टमाटर	– 10 ग्राम
अदरक	– ½ छोटा चम्मच
हरी मिर्च	– ½ छोटा चम्मच
जीरा	– ½ छोटा चम्मच
हॉट डॉग ब्रेड	– 1न.
गाजर	– 20 ग्राम
पनीर	– 5 ग्राम
टमाटर सॉस	– 1 चम्मच

विधि

1. कॉर्न, केला तथा चने उबाल कर भरने के लिए मसाला बना लें।
2. फिर इसे ब्रेड में भर लें।
3. करी पत्ते से सजाएं।
4. कद्दूकस गाजर तथा पनीर के साथ परोसें।

मैदा घिरडे

सामग्री

मैदा	—	1 कटोरी
दही	—	1 कटोरी
हरी मिर्च	—	2–3
हरा धनिया	—	1 कटोरी बारीक कटा
नमक	—	स्वादानुसार

चटनी सामग्री

नारियल	—	1 छोटा
दही	—	½ कप
सरसों दाने	—	1 छोटा चम्मच
हींग	—	1 चुटकी
करी पत्ता	—	5–6
नमक	—	स्वादानुसार

विधि

चटनी बनाने के लिए

1. नारियल के टुकड़े, दही, हरी मिर्च तथा नमक मिलाकर पेस्ट बनाएं।
2. कड़ाही गर्म करके सरसों दाने, हींग तथा कड़ी पत्ता भूनें।
3. इसे पेस्ट में मिला दें। नारियल की चटनी तैयार है।

मैदा घिरडे बनाने के लिए

1. सारी सामग्री मिलाकर पेस्ट बना लें।
2. तवे पर बड़ा चम्मच भरकर पेस्ट डालें तथा फैला लें। फिर दोनों तरफ से इसे पकाएं। इसी तरह और बनाएं।
3. चटनी के साथ गरमागरम परोसें।

मसाला आमलेट ब्रेड के साथ

सामग्री

ब्रडे स्लाइस	– 4–6
अंडे (सफेद भाग)	– 2
प्याज	– 1
टमाटर	– 1
हरी मिर्च	– 2
दूध (डबल टोंड दूध का)	– 2 छोटा चम्मच
काली मिर्च	– चुटकी भर
हरा धनिया	– कुछ पत्तियां (बारीक कटी हुई)
नमक	– स्वादानुसार

विधि

1. प्याज, टमाटर, हरी मिर्च तथा धनिया को बारीक काट लें।
2. कटे हुए हरी मिर्च तथा प्याज में नमक बुरकें।
3. अंडे को तोड़ लें। अंडे के सफेद भाग को दूध डालकर फेंटे।
4. फेंटे हुए अंडे में कटे हुए टमाटर, प्याज तथा धनिया मिलाएं।
5. नॉन स्टीक बर्तन में उड़ेल दें।
6. किनारे से उठाने के लिए चपटी करची प्रयोग में लाएं तथा आमलेट को पलट लें तथा पकाएं।
7. आंच से उतार लें।
8. इसी बर्तन में ब्रेड टोस्ट करें।
9. ब्रेड के साथ गर्म आमलेट परोसें।

आलू भुजिया

सामग्री

आलू	–	2
चने दाल का आटा	–	½ कप
हल्दी	–	¼ छोटा चम्मच
लालमिर्च पाउडर	–	1–½ छोटा चम्मच
नमक	–	1 छोटा चम्मच

विधि

1. बेफर्स के लिए आलू की बारीक फांके काट लें।
2. आटा, नमक, हल्दी, लाल मिर्च तथा ¼ कप पानी को मिलाएं तथा गाढ़ा मिश्रण बनाएं।
3. आलू की फांक को मिश्रण में डुबाकर ओवन में पकाएं।
4. अच्छी तरह भुन जाने तक दोनों तरफ से पकाएं।
5. गरमागरम परोसें।

डोसा ड्रॉप्स

सामग्री

डोसे का पेस्ट	– 1 कप
प्याज	– 1 बड़ा साइज (कटी हुई)
हरी मिर्च	– 2
धनिया (कटा हुआ)	
नमक	– स्वादानुसार
मैदा या बेसन	– 2 चम्मच
अदरक	– ¼ छोटा चम्मच (कटा हुआ)

विधि

1. सभी सामग्री इकट्ठे मिलाकर नॉन स्टिक बर्तन में भूनें। डोसा पेस्ट को एक करछी से गर्म बर्तन में डालें। डोसा बनाने के बाद सॉस या चटनी के साथ गरमागरम परोसें।

रगदा पैटीज

सामग्री

सफेद मटर	– 1–2 कप
प्याज कटा हुआ	– 1 बड़ा साइज
टमाटर कटा हुआ	– 1 बड़ा साइज
हरी मिर्च पेस्ट	– 1 चाय का चम्मच
उबले आलू	– 3–4
अदरक	– 1 छोटा टुकड़ा
गर्म मसाला	– 1 छोटा चम्मच
हल्दी	– 1 छोटा चम्मच
मक्की का आटा	– 1 प्याला
लाल मिर्च पाउडर	– 1 छोटा चम्मच
नमक	– स्वादानुसार

हरी चटनी

हरा धनिया	– 1 गड्डी
दही	– 1 कप
हरी मिर्च	– 3–4
हरा पुदीना	– 1 प्याला
नमक	– स्वादानुसार

विधि

चटनी बनाने के लिए

1. पुदीने तथा धनिये को धोकर मिक्सी में डालें।
2. फिर दही, हरी मिर्च तथा नमक डालकर पेस्ट बना लें।

लाल लहसुन चटनी
सामग्री

लाल मिर्च	– 2 छोटा चम्मच
लहसुन	– 3–4 गांठ

विधि

मिक्सी में लाल मिर्च पिसी, लहसुन तथा पानी डालकर चटनी जैसा पेस्ट बना लें।

मीठी चटनी

खजूर	– 250 ग्राम
गुड़	– 2–3 बड़े टुकड़े
धनिया पाउडर	– 1 छोटा चम्मच

विधि

1. खजूर पानी में उबालें तथा बीज निकाल दें।

2. फिर इसमें गुड़ तथा धनिया चूर्ण डालकर मिक्सी में चलाकर पेस्ट बना लें।

रगदा बनाने की विधि

1. सफेद मटर 7 से 8 घंटे पानी में भिगोएं तथा तीन सीटी लगाकर कूकर में पकाएं।

2. गर्म कड़ाही में महीन कटी प्याज को भूनें फिर इसमें अदरक पेस्ट, हल्दी, लाल मिर्च, गर्म मसाला तथा स्वादानुसार नमक डालें।

3. फिर इसमें सफेद पकी मटर, एक गिलास पानी तथा भुना मसाला डालकर 5 मिनट तक पकाएं। रगदा तैयार है।

पैटीज बनाने की विधि

1. उबले तथा छिले हुए आलुओं को हाथ से कुचल लें। इसमें हरी मिर्च पेस्ट, थोड़ा नमक तथा एक चुटकी हल्दी डालकर अच्छी तरह मिलाएं।

2. आलुओं को गोल चपटे आकार में टिक्की बनाएं तथा मक्की के आटे में रोल करें।

3. गर्म कड़ाही में दोनों तरफ से सेकें।

रगदा पैटीज बनाने के लिए

सिकी हुई पैटीज लें। उस पर रगदा तथा स्वाद के अनुसार तीनों चटनी रखें। फिर इसे कटी हुई प्याज, टमाटर तथा धनिये से सजाएं।

ताजा चावली उसल

सामग्री

चावली	– 2 कटोरी
प्याज	– 2 मध्यम साईज (बारीक कटी हुई)
आलू	– 1 कटा हुआ

मिश्रण सामग्री

लाल मिर्च	– 5–6
हल्दी	– ½ छोटा चम्मच
काली मिर्च	– 5–6
साबुत धनिया	– 1 छोटा चम्मच
नमक	– स्वादानुसार

विधि

1. चावली को 5 से 6 घंटों तक पानी में भिगोएं।

2. दो कटोरी पानी में चावली, ½ कटी हुई प्याज तथा आलू उबालें।

3. इसमें गुड़, नमक तथा इमली डाल कर 10 मिनट तक उबालें।

4. कड़ाही में धनिया, लाल मिर्च, हल्दी तथा काली मिर्च मिलाकर भूनें।

5. कड़ाही में ही प्याज भूरी होने तक भूनें फिर इसे उबले हुए मिश्रण में मिलाएं।

6. फिर इसमें सारे मसाले डाल दें तथा 5 से 10 मिनट तक पकाएं।

रोलर कोस्टर समोसा

सामग्री

क्रस्ट के लिए

मैदा	— 1 कप
नमक	— 1 चम्मच

फिलिंग के लिए

आलू	— 3 मध्यम (उबले हुए)
नमक	— स्वादानुसार
लाल मिर्च	— ½ चम्मच
चाट मसाला	— 1½ चम्मच
गर्म मसाला	— 1 चम्मच

विधि

1. मैदा में नमक डाल कर गूंथ लें, फिर ढंक कर अलग रख दें।

2. आलुओं को फिलिंग की सामग्री के साथ अच्छी तरह मैश कर लें।

3. आटे को चपाती के आकार में बेल लें।

4. इसके ऊपर फिलिंग फैला लें। लोई बना कर सिलेंडर के आकार में बेलें।

5. पानी की सहायता से किनारों को सील कर दें।

6. अब चाकू की सहायता से एक इंच मोटे स्लाइस काट लें। अब हर स्लाइस को हथेली से दबा कर पकाएं।

7. पुदीने की चटनी या सॉस के साथ परोसें।

ट्रिकलर

सामग्री

इडली	– 5
बूंदी	– 2 कप
हरी चटनी	– ½ कप
सपरेटा दूध का बिलोया हुआ दही	– 1 कप
हरी मिर्च	– स्वादानुसार
टमाटर	– 2
उबले आलू	– 2
धनिया पत्ते	– 2 चम्मच
चाट मसाला	– 1 चम्मच
भूनी सेवइयां	– ½ कप
प्याज	– 2 कटी हुई

विधि

1. इडली को कोकटेल प्लेट में भाप दें। परोसने से पहले इडली प्लेट में व्यवस्थित करें।

2. थोड़ी–सी सेवइयां तथा बूंदी ऊपर से डालें।

3. फिर पहले लाल चटनी फिर हरी चटनी एक चम्मच डालें।

4. कटे हुए टमाटर तथा आलू डालें। फिर प्याज तथा धनिया डालकर परोसें।

ब्रेड बोट

सामग्री

ब्रेड	– 6 लम्बी
स्वीट कॉर्न	– 1 टीन
प्याज	– 3 बारीक कटी हुई
लहसुन की फांकें	– 4
उबली हरी मटर	– 250 ग्राम
अदरक मिर्च चटनी	– 2 चम्मच
हरा धनिया	– ¼ कप (बारीक कटा हुआ)
नींबू	– 1 चम्मच
नमक	– स्वादानुसार
सपरेटा दूध का पनीर	– ½ कप (बारीक कटा हुआ)

विधि

1. ढक्कन की तरह ब्रेड काट लें तथा साइड ऐसे ही रहने दें।

2. प्याज तथा लहसुन भुन लें। ऊपर से स्वीट कॉर्न तथा अन्य सामग्री डाल दें। पनीर न डालें।

3. उबली हुई मटर डालें। पांच मिनट तक चलाने के बाद ठंडा होने दें फिर इसे ब्रेड में भर लें तथा ऊपर से पनीर फैला लें।

4. 200^0C तापमान पर ओवन में 25 मिनट तक पकाएं।

5. फिर गरमागरम टोमैटो कैचअप के साथ परोसें।

मैक्सीकन डोसा

सामग्री

टोरटिलास	– 6 मध्यम आकार
सेम	– 1 केन पकी हुई
सपरेटा दूध का पनीर	– कद्दूकस किया हुआ
टमाटर	– 2 (छोटे चौकोर टुकड़े)
शिमला मिर्च	– 1 (कटा हुआ)
पस्टा सॉस	– स्वादानुसार

विधि

1. एक टोरटिलास लें। स्वादानुसार चिली पेस्ट ऊपर से फैला दें।
2. फिर दो चम्मच सेम त्रिभुज आकार में फैलाएं।
3. इसके ऊपर कुछ टमाटर तथा शिमला मिर्च रखें।
4. टोरटिलास को तीन तरफ से समोसे के आकार में मोड़ें।
5. गर्म नॉन स्टिक तवे पर टोरटिलास रखें। फोल्ड की हुई जगह नीचे की तरफ होनी चाहिए।
6. एक मिनट तक पकने दें। फिर पलट कर दूसरी तरफ से एक मिनट तक सिकने दें।
7. पस्ता सॉस के साथ परोसें।

ब्रेड पकौड़ा

सामग्री

बेसन	— 50 ग्राम
ब्रेड	— 4 स्लाइस
लाल मिर्च पाउडर	— 2 छोटा चम्मच
जीरा	— 1 छोटा चम्मच
हल्दी	— 1½ चम्मच
नमक	— स्वादानुसार
बेकिंग पाउडर	— 1 छोटा चम्मच

विधि

1. ब्रेड को तिकोन आकार में काट लें।
2. बची हुई सामग्री में पानी डाल कर पेस्ट बनाएं। यह थोड़ा गाढ़ा होना चाहिए।
3. इसमें एक कटी हुई स्लाइस भिगो दें। पहले भाप से पकाएं, फिर ओवन में बेक करें।
4. फिर चटनी के साथ गरमागरम परोसें।

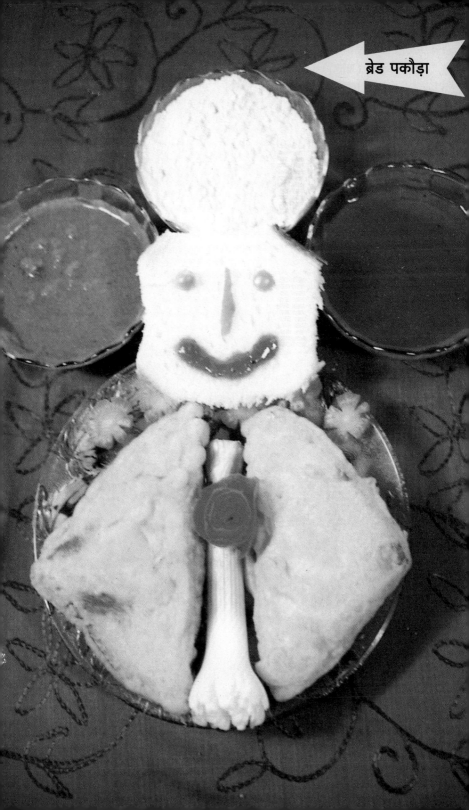

ब्रेड पकौड़ा

आलू वडा (बोंडा)

आलू वड़ा

सामग्री

आलू	– 1 कि.ग्रा.
धनिया	– ½ कप
नमक	– 1½ छोटा चम्मच
लहसुन	– ¼ कप
अदरक	– 1 इंच
हरी मिर्च	– 7–8
चीनी	– 4–5 छोटा चम्मच

कवर करने के लिए

चने का आटा	– 2 कप
हल्दी	– ½ छोटा चम्मच
नमक	– ½ छोटा चम्मच
पानी	– 2 कप

विधि

1. आलू उबालकर छिलका उतार लें फिर इन्हें मैश कर लें।
2. हरी मिर्च, अदरक, लहसुन तथा चीनी को पीसकर आलू में मिलाकर पिट्ठी बना लें।
3. इसमें नमक तथा धनिया मिलाएं।
4. अच्छी तरह मिलाने के बाद छोटे पेड़े बना लें।
5. आटा, हल्दी, नमक तथा पानी को आपस में मिला लें।
6. आलू के पेड़ों को आटे के मिश्रण में भिगोकर तवे पर पकाएं।
7. इन पेड़ों को बीच–बीच में उलटे–पलटें ताकि भुनकर भूरे हो जाएं।
8. लहसुन की चटनी के साथ इसे गरम–गरम परोसें।

टिप :

व्यंजन को कुरकुरा बनाने के लिए चने के आटे में एक चुटकी खाने का सोडा मिलाएं।

स्कलप आलू

सामग्री

आलू	–	1 किलोग्राम पतले कटे हु
सोयामिल्क	–	2½ कप
नमक	–	1 छोटा चम्मच
प्याज	–	1½ कप बारीक कटा हुअ
पपरिका	–	½ छोटा चम्मच

विधि

1. आलू दही में कोट करके बेकिंग डिश में रखें तथ अन्य सामग्री को आलू पर डालें।
2. पार्चमेंट पेपर से ढक दें। फिर फायल करें तथ 375^0 तापमान पर डेढ़ घंटे तक पकाएं।
3. पेपर तथा फायल हटा दें फिर पपरिका छिड़कक ओवन में रख दें तथा भूरा होने तक रखे रहने दें

पेपेरोनाटा

सामग्री

प्याज	—	4 कप
लहसुन	—	4–5 कलियां
कालीमिर्च पाउडर	—	¼ छोटा चम्मच
सब्जी का पानी	—	2 कप
बेय पत्तियां	—	4
पीली, लाल, हरी मिर्च	—	6 (लंबी कटी हुई)
छिला टमाटर	—	4 बारीक कटा हुआ
अरारोट	—	1 छोटा चम्मच (¼ कप टमाटर जूस या पानी में धुला हुआ।)
काली मिर्च	—	स्वादानुसार

विधि

1. प्याज, लहसुन तथा कुचली मिर्चों को सब्जी के पानी में पांच मिनट तक तलें।

2. बेय पत्तियां, लम्बी कटी मिर्च डालें तथा हल्की आंच पर पांच मिनट तक पकाएं। बीच–बीच में चलाएं।

3. मिश्रण तथा कटे हुए टमाटर को बचे हुए सब्जी के पानी में मिलाएं तथा 5–7 मिनट तक पकाएं।

4. मिर्चों को अलग हटा दें तथा अरारोट को मिश्रण में मिलाएं तथा गाढ़ा होने तक चलाएं।

5. स्वादानुसार काली मिर्च डालें।

व्हीट बर्गर

सामग्री

ब्राउन ब्रेड बन	–	6
टमाटर	–	12 (गोल कटे हुए)
प्याज	–	6 (गोल कटे हुए)
टोमैटो कैचअप	–	2 छोटा चम्मच
चिली सॉस	–	1 छोटा चम्मच
मस्टर्ड सॉस	–	स्वादानुसार
चुकन्दर के पत्ते	–	12

कटलेट के लिए

सब्जियां	–	3 कप बारीक कटी हुई (गाजर, गोभी, पत्ता गोभी, आलू, फ्रेंच बीन)
आटा	–	1 चम्मच
धनिया	–	1 चम्मच
हरी मिर्च	–	1 (बारीक कटी हुई)
नमक	–	स्वादानुसार
हल्दी	–	¼ छोटा चम्मच

विधि

कटलेट के लिए

1. गर्म कड़ाही में सब्जियां, हल्दी तथा नमक डालें। ढंककर हल्की आंच पर सब्जियों को पकाएं।

2. सब्जियों पर आटा छिड़क कर मिलाएं तथा थोड़ी देर के लिए पकाएं।

3. सब्जियां मैश कर लें। इसमें हरी मिर्च तथा

धनिया मिलाएं।

4. गर्म नॉन स्टिक बर्तन में एक—एक करके कटलेट दोनों तरफ से पकाएं।

बर्गर बनाने की विधि

1. हर बन को दो भागों में काट लें।

2. प्रत्येक कटे भाग में थोड़ा मस्टर्ड लगाएं, थोड़ा टमाटर कैचअप लगाएं। दो चुकन्दर की पत्ती व्यवस्थित करें; फिर एक कटलेट, एक प्याज तथा दो टमाटर के टुकड़े लगाएं।

3. गरमागरम परोसें।

टमाटर कॉकटेल कप

संदेश

टमाटर	– 3 बड़े
खीरा	– 1 (कद्दूकस किया हुआ)
ताजी दही	– ½ कप
हरी मिर्च	– 4–5 (बारीक कटी हुई)
नमक	– स्वादानुसार
मथा हुआ पनीर (डबल टोंड दूध का)	– 1 चम्मच

सजाने के लिए

हरा धनिया (बारीक कटा हुआ)

विधि

1. टमाटरों को आधा काट लें। एक टमाटर में से गुदा निकाल लें, जिससे कप नुमा टमाटर बचे।

2. खीरे में से पानी निचोड़ लें।

3. दही, हरी मिर्च, पनीर तथा नमक मिला कर मिश्रण बनाएं।

4. इस मिश्रण को टमाटर कप में भर कर फ्रिज में रख दें।

मसालेदार मूंग दाल वेफल्स

संदेश

छिलका मूंग दाल	– 1 कप
हरी मिर्च	– 2–3 बारीक कटी हुई
मेथी पत्ती (कटी हुई)	– 2 छोटा चम्मच
बेसन	– 2 छोटा चम्मच
सोडा	– ¼ छोटा चम्मच
चीनी	– 2 चुटकी
नमक	– स्वादानुसार
हींग	– 1 चुटकी

विधि

1. मूंग की दाल 3–4 घंटे तक पानी में भिगोएं। फिर इसे अच्छी तरह धो लें।

2. इस भीगी दाल के साथ हरी मिर्च तथा थोड़ा पानी मिक्सी में चलाएं।

3. मेथी, बेसन, हींग, सोडा, चीनी, नमक डाल कर अच्छी तरह मिलाएं।

4. गर्म तवे पर थोड़ी सी पिट्ठी डाल कर फैलाएं फिर कुरमुरा होने तक पकाएं। बची हुई पिट्ठी भी इसी तरह करें।

5. हरी चटनी के साथ गरमागरम परोसें।

रशियन सेंडविच

सामग्री

ब्रेड स्लाइस	— 4
उबली हुई सब्जियां	— 1 कप (गाजर, पत्ता गोभी मटर, फूल गोभी, आलू फ्रेंच बीन)
गाढ़ा दही	— 2 छोटा चम्मच
गाजर	— 2 छोटा चम्मच (कद्दूकस किया हुआ)
सरसों पाउडर	— 1 छोटा चम्मच
चीनी	— ½ छोटा चम्मच
नमक	— स्वादानुसार
काली मिर्च पाउडर	— एक चुटकी

विधि

1. सेंडविच में भरने के लिए सारी सामग्री का मिश्रण बनाएं।

2. इस मिश्रण को दो भागों में बांट कर 2 ब्रेड स्लाइस पर रखें।

3. फिर अन्य दो स्लाइस इनके ऊपर रखें।

4. हरेक सैंडविच को दो भागों में बांट लें। हरे धनिये से सजाकर परोसें।

खुला सेंडविच

सामग्री

ब्रेड स्लाइस	– 3
सपरेटा दूध का पनीर	– 50 ग्राम (टुकड़े किया हुआ)
ताजी दही	– 1 चम्मच
हरी मिर्च	– 4–5 कटी हुई
नमक	– स्वादानुसार

विधि

1. पनीर स्प्रैड के लिए सारी सामग्री का मिश्रण बना लें।
2. इनको तीन भागों में बांट कर हर स्लाइस पर रखें।

मशरुम और टमाटर स्नैक

सामग्री

मशरुम	– 200 ग्राम (ताजा)
प्याज	– 2 (मध्यम आकार में कटा हुआ)
टमाटर	– 2 (मध्यम आकार में कटा हुआ)
हरी मिर्च	– 1 कटी हुई
मिर्च पाउडर	– 2 चुटकी
नमक	– स्वादानुसार
ब्रेड स्लाइस	– 4 (टोस्ट किए हुए)
धनिया	– कटा हुआ

विधि

1. गर्म कड़ाही में आधा मिनट प्याज को भुनें।

2. टमाटर डाल कर चलाएं।

3. हरी मिर्च, धनिया, लाल मिर्च डालकर आधा मिनट तक भूनें।

4. मशरुम तथा नमक डाल कर कुछ मिनट तक पकाएं।

5. टोस्ट किए हुए ब्रेड को दो भागों में बांटें। फिर मिश्रण को इस पर फैलाएं तथा गरमागरम परोसें।

सल्सा डिप

सामग्री

टमाटर	–	8
शिमला मिर्च	–	2
प्याज	–	2 बारीक कटी हुई
मिर्च पाउडर	–	1 छोटा चम्मच
चीनी	–	1 छोटा चम्मच
नमक	–	स्वादानुसार

विधि

1. गर्म पानी में टमाटर डालें। 10 मिनट बाद छिलका उतार कर छोटे टुकड़े कर लें।

2. हर एक शिमला मिर्च में कांटा घुसाएं तथा आंच के ऊपर ले जाएं तथा छिलका काला होने तक पकड़े रखें। इसके बाद छिलका उतार कर छोटे टुकड़े कर लें।

3. गर्म बर्तन में ½ मिनट तक भूनें। इसमें टमाटर तथा शिमला मिर्च, पिसी मिर्च एवं नमक डालकर कुछ मिनट पकाएं।

4. इसे पूरी के साथ परोसें।

गाजर और पनीर टोस्ट

सामग्री

ब्रेड स्लाइस	– 3
गाजर	– 1 छोटा कप (कद्दूकस किया)
सपरेटा दूध का पनीर	– 50 ग्राम (टुकड़े किया हुआ)
टमाटर	– 1 चम्मच (कटा हुआ)
हरी मिर्च (कटी हुई)	– ¼ छोटा चम्मच
हरा धनिया	– 1 छोटा चम्मच
नमक	– स्वादानुसार

विधि

1. ब्रेड स्लाइस टोस्ट कर लें।

2. गाजर, पनीर, टमाटर, हरी मिर्च, धनिया तथा नमक मिला लें। इनको तीन हिस्सों में बांट लें।

3. मिश्रण के एक भाग को टोस्ट पर रखें। कुछ मिनट तक ओवन में गर्म करें।

अंकुरित गाजर का सेंडविच

सामग्री

गाजर	– 1 छोटा चम्मच (कद्दूकस किया हुआ)
सपरेटा दूध का पनीर	– 1 चम्मच (कुचला हुआ)
हरी मिर्च	– 1 (बारीक कटी हुई)
अंकुरित बीन	– ¼ कप
नमक	– स्वादानुसार
ब्राउन ब्रेड स्लाइस	– 1

विधि

1. स्लाइस पर गाजर रखें।
2. पनीर, हरी मिर्च तथा नमक आपस में मिलाएं फिर गाजर के ऊपर रखें।
3. इसके ऊपर अंकुरित बीन फैलाएं।
4. चार भागों में काटकर परोसें।

कुकुम्बर स्नैक

सामग्री

खीरा	– 3 (मध्यम)
सपरेटा दूध का पनीर	– 50 ग्राम
हरी मिर्च	– ¼ छोटा चम्मच (कटी हुई)
दही	– 3 छोटा चम्मच
नमक	– स्वादानुसार

विधि

1. प्रत्येक खीरे को लम्बा दो भागों में काट लें तथा बीच में से बीज निकाल लें।
2. पनीर मथ लें तथा इसमें मिर्च, दही और नमक मिलाएं।
3. पनीर मिश्रण को खीरे के बीच में भर लें तथा दो भागों में काट लें।

मिनी पिज्जा

सामग्री

गेहूं आटा	–	200 ग्राम
खमीर ताजा	–	10 ग्राम
नमक	–	3/4 छोटा चम्मच
चीनी	–	3/4 छोटा चम्मच

चटनी के लिए सामग्री

टमाटर	–	400 ग्राम
प्याज	–	2 छोटे टुकड़े की हुई
लहसुन	–	2–3 कलियां पिसी हुई
मिर्च पाउडर	–	½ छोटा चम्मच
आजवाइन	–	1 चुटकी
नमक	–	स्वादानुसार
तेल	–	1 छोटा चम्मच

टॉपिंग के लिए सामग्री

शिमला मिर्च	–	2 गोल कटी हुई
प्याज	–	4 गोल कटी हुई
टमाटर	–	2 गोल कटे हुए
सपरेटा दूध का पनीर	–	50 ग्राम टुकड़े किया हुआ

विधि

गूंथा हुआ आटा

1. आटा छान लें तथा नमक एवं चीनी अच्छी तरह मिलाएं।
2. बीच में गड्ढा करके खमीर मिलाएं।
3. खमीर पर ½ कप पानी छिड़कें तथा थोड़ी देर रुक जाएं।

4. आटे में खमीर मिलाकर अच्छी तरह गूंथ लें।

5. गूंथे हुए आटे पर गीला कपड़ा रखें तथा 30 मिनट तक रहने दें।

6. एक मिनट के लिए आटा दुबारा मलें।

7. आटे के 16 भाग कर लें।

8. प्रत्येक भाग को बेल लें।

9. कांटे की सहायता से थोड़ा छेद कर लें।

10. बेकिंग ट्रे पर थोड़ा सा दही मल लें फिर इसमें बेली हुई पूरी रखें। 15 मिनट तक रखे रहने दें।

11. 200^0 तापमान पर ओवन में 15 मिनट तक पकाएं।

चटनी बनाने की विधि

1. टमाटर काट लें।

2. गर्म बर्तन में प्याज, लहसुन डालकर 3 मिनट तक चलाएं।

3. इसमें टमाटर, मिर्च, चीनी तथा नमक मिलाएं फिर 10 मिनट तक पकाएं।

4. फिर मिश्रण को ब्लैंडर में ब्लैंड करें।

5. अजवायन मिलाएं।

पिज्जा बनाने की विधि

1. जब परोसना हो तो पिज्जा पर चटनी फैलाएं।

2. इस पर शिमला मिर्च, प्याज तथा टमाटर व्यवस्थित करें।

3. ऊपर से पनीर रखें।

4. 200^0 तापमान पर 5 से 10 मिनट तक ओवन में पकाएं।

5. टुकड़े करके गरमागरम परोसें।

पास्ता

सामग्री

पास्ता	—	250 ग्राम
हरी मटर	—	1 कप
असपैरागुस	—	1 कप
बेबी कॉर्न	—	1 कप
गाजर	—	1 कप
लाल मिर्च	—	1
हरी प्याज	—	3 (बारीक टुकड़े की हुई)
सपरेटा दूध का पनीर	—	2–3 कप मथा हुआ
योगर्ट	—	2–3 कप
नमक	—	स्वादानुसार
कालीमिर्च	—	स्वादानुसार
नींबू (रस)	—	1 चम्मच

विधि

1. असपैरागुस, मटर, लाल मिर्च 2 से 4 मिनट तक हल्का उबालें।

2. गाजर, बेबी कॉर्न भी मुलायम होने तक पकाएं।

3. बड़े कूकर में, मुलायम होने तक पास्ता उबालें। गर्म पानी फेंककर ठंडे पानी में एक बार निकालें।

4. मिक्सी में पनीर, योगर्ट, नींबू चलाकर मिश्रण बना लें। फिर सॉस, सपरेटा दूध या पानी से पतला करें।

5. बड़े बर्तन में मिश्रण को पास्ता के साथ मिलाएं फिर सॉस डालें। इसमें नमक तथा काली मिर्च स्वादानुसार डालें। हल्का गर्म परोसें।

मेदू वड़ा

सामग्री

काले चने की दाल	— 4 कप
चावल	— 1 कप
कालीमिर्च	— 8 दाने
जीरा	— 1 छोटा चम्मच
अदरक	— 1 छोटा चम्मच पेस्ट
नमक	: स्वादानुसार

विधि

1. धोकर दाल तथा चावल को इकट्ठे पानी में 6 से 7 घंटे तक भिगोएं।
2. पानी निकालकर इनका पेस्ट बना लें।
3. पेस्ट इतना गाढ़ा होना चाहिए कि वड़ा बन जाएं।
4. साड़ी सामग्री डालकर पेस्ट को मथें।
5. इडली आकार बनाएं।
6. बीच में छेद अंगुली से बना दें।
7. इडली स्टैंड में वड़ा को भाप दें।
8. वड़ा को ओवन में पकाएं।
9. जब पककर भुन जाए तो निकाल लें।
10. सांबर के साथ परोसें।

मूंग पालक का पकौड़ा

सामग्री

मूंग दाल	–	2 कप
प्याज	–	1
नमक	–	स्वादानुसार
पालक	–	15–16 पत्ते
हरी मिर्च	–	3
हल्दी पाउडर	–	1 चुटकी

विधि

1. मूंग की दाल 2½ घंटे तक भिगोएं।
2. पालक धोने तथा काटने के बाद सुखा लें तथा अलग रख लें।
3. प्याज बारीक काट लें।
4. मिक्सी में मूंग की दाल, अदरक तथा मिर्च को पीस लें।
5. इसमें पानी न मिलाएं नहीं तो मिश्रण पतला हो जाएगा।
6. एक बर्तन में मिश्रण डालकर ऊपर से पालक, प्याज, हल्दी डालकर अच्छी तरह मिलाएं।
7. नमक मिलाएं।
8. इडली स्टैंड में पकौड़े की शक्ल में भाप दें।
9. फिर ओवन में पकाएं।
10. टमाटर सॉस के साथ गरमागरम परोसें।

मसाला पास्ता

सामग्री

जीरा	–	1 चम्मच
लहसुन पेस्ट	–	1 चम्मच
नमक	–	स्वादानुसार
सब्जियां	–	3 कप (प्याज, मटर, शिमलामिर्च, गाजर, पत्तागोभी, फूलगोभी)
हल्दी पाउडर	–	½ चम्मच
हरी मिर्च पेस्ट	–	1 चम्मच
पास्ता	–	1 पैकेट

विधि

1. पैकेट में लिखी विधि के अनुसार पास्ता उबालें।
2. सारी सब्जियों को लंबी फांकों में काटें।
3. तेज आंच पर 2 मिनट तक सभी सब्जियां रोष्ट करें। इसमें स्वाद के लिए नमक डालें तथा अलग रख लें।
4. कड़ाही में एक मिनट तक जीरा भूनें।
5. इसमें हरी मिर्च तथा लहसुन पेस्ट मिलाएं तथा एक मिनट तक भूनें। अगर जरूरत समझें तो हल्दी डालें।
6. इसमें पास्ता और सब्जियां मिलाएं। स्वाद के अनुसार नमक डालें।
7. हरी प्याज के पत्ते बुरक कर सजाएं तथा गरमागरम परोसें।

पनीर मैकरोनी हरियाली

सामग्री

मेकरोनी	–	100 ग्राम
सपरेटा दूध का पनीर	–	100 ग्राम (काटा हुआ)
धनिया पत्ता	–	3/4 कप (ताजा कटा हुआ)
लहसुन	–	¼ छोटा चम्मच
हरी मिर्च पेस्ट	–	1–½ छोटा चम्मच
जीरा	–	½ छोटा चम्मच
हल्दी	–	¼ छोटा चम्मच
नमक	–	स्वादानुसार
पानी	–	1–½ चम्मच
आलू	–	2 (मध्य साइज कटा हुआ)

विधि

1. 5–6 कप पानी में मेकरोनी उबालें।

2. आलू के टुकड़ों को भुनें तथा अलग रखें।

3. गर्म कड़ाही में जीरा डालें, फिर इसमें लहसुन तथा अदरक का पेस्ट डाल कर भुन लें। फिर इसमें चिली पेस्ट डाल कर अच्छी तरह मिलाएं। ऊपर से हल्दी बुरक कर मिलाएं तथा हल्की आंच पर पकाएं।

4. इस मिश्रण में आलू पनीर तथा मेकरोनी डाल कर अच्छी तरह मिलाएं। थोड़ा पानी डालें ताकि सारे मसाले घुल जाएं और धनिया तथा नमक डाल कर अच्छी तरह मिलाएं। आंच तेज कर दें।

5. जब तक पानी सूख न जाए पकाते रहें।

6. थाली में रख लें तथा लाल एवं पीली बेल पैपर्स से सजाएं।

छोटे आलुओं की सब्जी

सामग्री

छोटे आलू	–	½ किलोग्राम
लहसुन पेस्ट	–	2 छोटा चम्मच
अदरक पेस्ट	–	1 छोटा चम्मच
नमक	–	स्वादानुसार
टमाटर	–	3
लाल मिर्च पाउडर	–	1 चम्मच
हरी मिर्च	–	2
धनिया पत्ता	–	2 चम्मच (कटा हुआ)

विधि

1. आलू उबाल कर छिलका उतार लें।
2. टमाटर के छोटे टुकड़े कर लें।
3. टमाटर को भून कर पेस्ट बना लें।
4. अदरक तथा लहसुन का पेस्ट मिलाएं।
5. फिर पिसी हुई लाल मिर्च मिलाएं।
6. स्वादानुसार नमक डालें।
7. आलू मिलाएं।
8. पांच मिनट तक हल्की आंच पर पकाएं।
9. धनिया बुरक कर परोसें।

पनीर से भरे आलू

सामग्री

पनीर	– 250 ग्राम
पिसे मसाले	– ½ चम्मच
प्याज	– 2 (कटा हुआ)
आलू	– 1 किलोग्राम (उबला और छिला हुआ, अंदर से स्कूप किया)
नमक	– स्वादानुसार
हल्दी पाउडर	– ½ छोटा चम्मच
लाल मिर्च पाउडर	– 1–¼ छोटा चम्मच
टमाटर सॉस	– 5 ग्राम
जीरा पाडउर (भुना हुआ)	– ¼ छोटा चम्मच

विधि

1. आलू भुनें। फिर वायर रैक पर रख कर ठंडा करें।
2. पनीर को मथ लें, उसमें ½ चम्मच मसाले डालें।
3. इस मिश्रण को आलुओं से भरें।
4. ध्यान से अलग रख दें।
5. प्याज भूनें, फिर इसमें लाल मिर्च, हल्दी तथा नमक मिलाएं।
6. चार चम्मच पानी डाल कर तीन मिनट तक पकाएं। फिर इसमें टमाटर सॉस तथा भरे हुए आलू डालें।
7. ढक कर पकाएं।
8. अगर पनीर बचा हो तो मिलाएं।
9. 3 मिनट तक पकाएं। अलग रखे हुए आलू मिलाएं। ढककर 10 मिनट तक पकाएं। हर 2 मिनट बाद चलाएं।
10. कटोरे में रखकर ऊपर से धनिया बुरकें।
11. रोटी के साथ परोसें।

आलू की टिक्की

सामग्री

आलू	– ½ किलोग्राम
बंद गोभी	– 1 लंबी बारीक कटी हुई
चाट मसाला	– 1 चुटकी
जीरा पाउडर	– 1 चुटकी
हरी मिर्च	– 5–6 बारीक कटी हुई
धनिया	– बारीक कटा हुआ
ब्रेड स्लाइस	– 2 (पानी में भिगोया हुआ)
नमक	– स्वादानुसार

विधि

1. आलू उबालकर छील लें फिर मैश कर लें।

2. इसमें जीरा, नमक, चाट मसाला, हरी मिर्च, धनिया, बंद गोभी, ब्रेड के टुकड़े डालकर अच्छी तरह मिलाएं।

3. इस मिश्रण की ओवल आकार में टिक्की बना लें।

4. ओवन में इन्हें भूरा होने तक पकाएं।

आलू टिक्की

स्वादिष्ट नूडल्स

टेस्टी नूडल्स

सामग्री

मैगी नूडल्स	– 1 पैकिट
जीरा	– 1 छोटा चम्मच
प्याज	– 1 बड़ी (छोटे टुकड़ों में कटा हुआ)
टमाटर	– 1 (छोटे टुकड़ों में काट लें)
टोमैटो सॉस	– ¼ चम्मच
नमक, लाल मिर्च सॉस, काली मिर्च, मैगी मसाला	– स्वादानुसार

विधि

1. नूडल्स को उबाल कर अलग रख लें।
2. गर्म बरतन में जीरा डालें। फिर इसमें प्याज, टमाटर तथा हरी सब्जी डाल कर भूनें।
3. इसमें टोमैटो कैचअप मिलाएं।
4. अब इसमें उबाले हुए नूडल्स मिलाएं।
5. फिर नमक, लाल मिर्च की सॉस, काली मिर्च तथा एक कप पानी मिलाएं। फिर पांच से सात मिनट तक पकने दें।
6. अब इसमें मैगी मसाला डालें।
7. सारी सामग्री अच्छी तरह मिलाएं तथा गरमागरम परोसें।

स्वास्थ्यवर्द्धक चने की चाट

सामग्री

भुने चने बंगाली	–	½ कप
हरे चने अंकुरित	–	1 कप
टमाटर	–	1 (बारीक कटा हुआ)
प्याज	–	1 (बारीक कटा हुआ)
धनिया पत्ता	–	1 चम्मच (बारीक कटा हुआ)
हरी मिर्च	–	1
अदरक	–	½ चम्मच
नमक	–	स्वादानुसार
नींबू रस	–	स्वादानुसार

विधि

1. अंकुरित चने मुलायम होने तक उबालें।
2. पानी निकाल कर अच्छी तरह ठंडा कर लें।
3. सारी सामग्री अच्छी तरह मिला दें।
4. इच्छानुसार चाट मसाला मिलाएं।
5. चाय या कॉफी के साथ परोसें।

बाजरे की भाकरी

सामग्री

बाजरा आटा	–	2 कप
नमक	–	स्वादानुसार
पानी	–	आवश्यकतानुसार

विधि

1. आटे तथा नमक को छान लें।
2. थोड़ा पानी मिला कर आटा गूंथ लें।
3. दो से तीन मिनट तक मलते रहें जब तक मुलायम न हो जाए।
4. आटे की लोइयां बना लें तथा बाजरे के आटे में रोल करें।
5. साफ पॉलीथीन शीट पर बेलें।
6. बेलते हुए सूखा आटा भी इस्तेमाल करें।
7. 6 सें.मी. व्यास के आकार की पूरी बनाएं।
8. गर्म तवे पर डालें।
9. पानी छिड़क कर सब तरफ से समतल कर लें।
10. फिर पलट कर पका लें।
11. गैस की लौ पर सेकें।
12. भाकरी जब तक कुरकुरी न हो जाए सेकें।
13. मनपसंद दाल या सब्जी के साथ गरमागरम परोसें।

सोया ग्रानॅयूल उपमा

सामग्री

सोया ग्रानॅयूल	–	1 कप
सूजी	–	½ कप
हरी मिर्च	–	2 बारीक कटी हुई
प्याज	–	1 बारीक कटा हुआ
अदरक कटा हुआ	–	½ चम्मच
करी पत्ता	–	1
धनिया पत्ता	–	1 चम्मच (कटा हुआ)
टमाटर कटा हुआ	–	3–4
जीरा और सरसों दाना	–	½ चम्मच
चना और उड़द दाल	–	½ चम्मच
हल्दी पाउडर	–	¼ चम्मच
हींग	–	3–4 चुटकी
नमक	–	स्वादानुसार
नींबू जूस	–	2 चम्मच

विधि

1. कड़ाही में सूजी भून लें।
2. फिर अलग रख दें। इसी कड़ाही में सोया ग्रानयूल भूनें।
3. इसे भी अलग रख लें।
4. गर्म बरतन में दाल डालें तथा कुछ सेकेंड तक चलाएं।
5. इसमें सरसों के बीज डालें तथा तड़कने दें।
6. अदरक, मिर्चे, करी पत्ता, कटी हुई प्याज मिलाएं।
7. प्याज भुनने तक चलाते रहें। इसमें सोया–ग्रानयूल तथा सूजी मिलाएं। कुछ मिनट तक चलाते रहें।

8. नींबू टमाटर तथा धनिये को छोड़ कर सारी सामग्री मिलाएं।

9. दो कप उबला हुआ पानी मिलाएं तथा चलाते रहें।

10. लम्बी करछी प्रयोग में लाएं ताकि आसानी से चलाया जा सके।

11. सूजी तथा ग्रानयूल पकाने के लिए जरूरी हो तो पानी डालें।

12. धनिया तथा नींबू मिलाएं। ढककर तीन मिनट तक हल्की आंच पर पकाएं।

13. टमाटर से सजाएं।

14. गरमागरम परोसें।

दाल और हरी वेफल्स

सामग्री

चना दाल छिलके वाली	–	1 कप (तीन घंटे तक भिगोए)
सूजी	–	1 चम्मच
पालक और मेथी पत्ता	–	1 कप (कटे हुए)
हरी मिर्च	–	4–5
लहसुन	–	8–10 कलियां
सोडा	–	½ चम्मच
नमक	–	स्वादानुसार

विधि

1. दाल धो लें। छिलका न निकलने दें।
2. दाल, अदरक, लहसुन पीस कर पेस्ट बना लें।
3. इसमें अन्य सभी सामग्रियां मिला दें तथा पिट्ठी बना दें।
4. वेफल्स आयरन को गरम करें। इसके बीच में एक करछी मिश्रण डालें।
5. बंद करके पकाएं।
6. हरी चटनी या दही के साथ गरमागरम परोसें।

स्टफ मसाला बन

सामग्री

बर्गर बन	—	6
बैंगन	—	3
प्याज	—	2
आलू	—	3 (उबालकर छीले और मथे हुए)
अदरक	—	½ चम्मच (कटा हुआ)
पनीर	—	½ कप
खीरा	—	1 (बारीक और गोल स्लाइस किए हुए)
टमाटर	—	1 (पतले और गोल स्लाइस किए हुए)
प्याज	—	1 (गोल काटे हुए)
गर्म मसाला	—	½ चम्मच
नमक और कालीमिर्च	—	स्वादानुसार

विधि

1. बन को दो भागों में काट लें। नीचे का हिस्सा बड़ा होना चाहिए।
2. बड़े वाले हिस्से को छिछला कर लें।
3. बैंगन को आंच पर भुनें।
4. भूनने के बाद छिलका उतार लें तथा मैश कर लें।
5. प्याज भुनें।
6. इसमें अदरक लहसुन डाल कर फिर एक मिनट तक भुनें।
7. मथा हुआ बैंगन डालें, फिर चलाएं।
8. गर्म मसाला, नमक, काली मिर्च मिलाएं तथा हल्की आंच पर पकाएं।
9. इसमें बन डालें तथा ठंडा होने दें।
10. आलुओं में नमक मिला कर रख दें।

परोसने की विधि

1. बन के छिछले भाग में बैंगन का मिश्रण भरें। इसको आलू के मिश्रण से बन्द कर दें तथा बन के किनारों तक फैलाएं।
2. गर्म कड़ाही में भुनें। करछी से नीचे उतार लें।
3. इसके ऊपर कटी प्याज, टमाटर, शिमला मिर्च तथा खीरा ऊपर से डालें।
4. पनीर के टुकड़ों से सजाएं तथा कैचअप की बूंदें डालें।
5. बन के ऊपरी भाग को ऊपर से रखें।
6. गर्म होने तक पकाएं।
7. फ्रैंच फ्राई तथा चटनी के साथ गरमागरम परोसें।

ट्रेडीशनल पिज्जा

सामग्री

पिज्जा ब्रेड	– 3
टोमैटो प्यूरी	– 1 कप
प्याज	– ½ कप (कटी हुई)
टोमैटो कैचअप	– 2 चम्मच
लहसुन	– 8–10 कलियां
चीनी	– 1 चम्मच
लाल मिर्च	– ½ चम्मच
दालचीनी पाउडर	– ¼ चम्मच
कॉर्न फ्लोर	– 2 चम्मच
नमक	– स्वादानुसार

टॉपिंग सामग्री

प्याज	– 2
शिमला मिर्च	– 1
सपरेटा दूध का पनीर	– 4–5 चम्मच (कसा हुआ)
धनिया हरा	– 1 चम्मच कटा हुआ
टमेटो केचअप	– 1चम्मच

विधि

1. शिमला मिर्च तथा प्याज पतला–पतला गोल काट लें।
2. कटी प्याज को दो–तीन मिनट तक भूनें।
3. टमाटर प्यूरी डाल कर उबालें।
4. लहसुन, मिर्च, नमक व दालचीनी मिलाएं।

5. कॉर्न फ्लावर के अलावा सारी सामग्री इसमें मिला दें और पांच मिनट तक पकाएं।

6. आधा कप पानी में कार्न फ्लावर मिला कर पेस्ट बना लें।

7. फिर इसको उबलती हुई चटनी में डाल दें तथा लगातार चलाएं।

8. गाढ़ा होने तक चलाएं तथा पिज्जा ब्रेड पर फैला दें।

9. ठंडा कर लें।

आगे की विधि

1. ब्रेड पर एक करछी पिज्जा सॉस फैला दें।

2. इसके ऊपर प्याज तथा शिमला मिर्च के टुकड़े रखें।

3. धनिया तथा पनीर ऊपर से बुरक दें।

4. 5 मिनट तक ओवन में पकाएं।

5. तिकोना काट कर गरमागरम परोसें।

बेक्ड पोटैटो पनीर पिक-अप

सामग्री

आलू	– 3 बड़ा उबला हुआ
सपरेटा दूध का पनीर	– 150 ग्राम
हरी मिर्च	– 7-8
अदरक	– 1 इंच का टुकड़ा
नमक और कालीमिर्च	– स्वादानुसार
धनिया पत्ते	– 2 चम्मच कटे हुए
तन्दूरी मसाला	– ½ छोटा चम्मच
लहसुन	– 2 कलियां
दही	– ½ कप
कॉर्न फ्लोर	– ½ चम्मच

विधि

1. महीन कपड़े में दही बांध कर दो घंटे तक लटकाएं।
2. दही, तन्दूरी मसाला, नमक, लहसुन, आधा धनिया, आधी मिर्च तथा कुचला हुआ अदरक मिलाएं।
3. आलुओं को गोल-गोल काट लें।
4. इनको मिश्रण में लपेट लें।
5. 10-15 मिनट के लिए अलग रख दें।
6. इस दौरान हाथ से पनीर को कुचल लें।
7. बची हुई मिर्च, अदरक, धनिया, नमक तथा कॉर्न फ्लोर मिलाएं।
8. एक स्लाइस आलू लें। इस पर पनीर मिश्रण

फैलाएं तथा दूसरा स्लाइस ऊपर से रख दें।

9. इसको वायर रैक के ऊपर व्यवस्थित करें तथा भूरा हो जाने तक ओवन में पकाएं।

10. प्रत्येक सैंडविच को निम्नलिखित पेस्ट में भिगोएं। फिर भाप दें तथा भजिया की तरह पकाएं।

11. सफेद आटा, नमक, एक चुटकी सोडा मिलाएं।

12. पानी डाल कर पेस्ट बना लें।

13. यह न ज्यादा पतला और न ज्यादा गाढ़ा होना चाहिए।

14. गरमागरम परोसें।

राइस बॉल कबाब

सामग्री

चावल	– 2 कप पके हुए
धनिया पत्ता	– ¼ कप कटा हुआ
टमाटर सॉस	– 1 चम्मच
अदरक	– 1 इंच पीस
लहसुन	– 2–3 कलियां
आटा	– 3 चम्मच
लाल मिर्च पाउडर	– 1½ चम्मच
नमक	– स्वादानुसार

विधि

1. अदरक तथा लहसुन का पेस्ट बनाएं।
2. एक चम्मच आटा अलग रख दें।
3. सारी सामग्रियां मिला दें।
4. कबाब के आकार में लड्डू बनाएं।
5. इन लड्डुओं को सूखे आटे में रोल करें।
6. इनको भाप देकर पकाएं।
7. चटनी के साथ गरमागरम परोसें।
8. खीरा, टमाटर तथा प्याज से सजाएं।
9. हर एक लड्डू में आकर्षण के लिए सींक घुसा दें।

अंकुरित भरे हुए केनेप्स

सामग्री

केनेप्स	– 1 पैकेट (कोई भी शेप में)
बीन अंकुरित	– 1 कप
प्याज	– ½ कप (कटा हुआ)
टमाटर	– ½ कप (कटा हुआ)
धनिया पत्ता	– ¼ कप (कटा हुआ)
आलू	– ¼ कप (उबाल कर काटे हुए)
नींबू	– ½
नमक	– स्वादानुसार
जीरा	– 1 चम्मच
बीकानेरी सेव	– 1 कप
हरी मिर्च	– 4–5 कटी हुई
इमली चटनी	– ½ कप
हरी चटनी	– ½ कप

ओवन सेकने के लिए

विधि

1. रेडीमेड केनेप्स को ओवन में कुरमुरा होने तक पकाएं।
2. प्याज, टमाटर, आलू आधा धनिया, नींबू नमक तथा हरी मिर्च मिलाएं तथा थोड़ी देर के लिए ठंडा कर लें।
3. परोसने से पहले केनेप्स को मिश्रण से भर लें। इसके ऊपर थोड़ी–थोड़ी चटनी रखें।
4. इसके ऊपर एक चुटकी नमक, पिसा जीरा बुरकें तथा बीकानेरी सेव तथा बचे हुए धनिये से सजाएं।
5. तुरन्त परोसें।

पाव भाजी

सामग्री

आलू	–	1 किलोग्राम
ब्रेड स्लाइस	–	10–12
नमक	–	1 छोटा चम्मच

भरने के लिए

मटर	–	1 किलोग्राम
नींबू रस	–	2–3 चम्मच
नमक	–	स्वादानुसार
चीनी	–	3–4 छोटा चम्मच
हरा धनिया	–	½ कप (बारीक कटा हुआ)
जीरा	–	2 छोटा चम्मच
हरी मिर्च	–	8–10 (बारीक कटा हुआ)
ब्रेड क्रम्ब		

विधि

भरने के लिए मिश्रण

1. कुनकुने पानी में मटर डालें।
2. जीरा तथा हरी मिर्च पीस कर पेस्ट बना लें।
3. उबली मटर, नमक, चीनी, नींबू रस, कटे धनिये तथा आधे जीरा–मिर्च के पेस्ट को मिलाकर मिश्रण बना लें।

कवरिंग

1. आलू उबाल कर छिलका उतार लें तथा गरमागरम बारीक मैश कर लें।
2. थोड़े पानी में ब्रेड भिगो दें। फिर पानी निचोड़कर हाथ से मैश कर लें।

3. ब्रेड तथा आलू आपस में मिला लें। नमक व बचा हुआ पेस्ट मिला दें।

4. मिश्रण को गूंथ लें।

5. छोटी–छोटी लोइयां बना लें।

6. लोइयों को बेल कर दो चम्मच मसाला मिश्रण रखें।

7. फिर किनारों से मोड़कर, पैटीज आकार बना लें।

8. ब्रेड क्रम्ब पाउडर में रोल कर लें। फिर भूरा होने तक पकाएं।

9. मीठी तथा खट्टी चटनी के साथ गरमागरम परोसें।

पाव भाजी

चीला

चीला

सामग्री

बेसन	–	1 छोटा कप
अदरक	–	1 छोटा टुकड़ा कटा हुआ
प्याज	–	1 बारीक कटी हुई
हरी मिर्च	–	1 बारीक कटी हुई
अंडा (सफेद)	–	1
नमक	–	स्वादानुसार
लाल मिर्च	–	¼ चम्मच

विधि

1. बेसन, नमक तथा लाल मिर्च अच्छी तरह मिलाएं।
2. इसमें अदरक, हरी मिर्च, प्याज, अंडा का सफेद भाग मिलाकर पेस्ट बना लें।
3. नॉन स्टिक तवे को गर्म कर लें।
4. तवे पर मिश्रण डालकर पकाएं।

तुरन्त सूजी हंडवो

सामग्री

बारीक सूजी	– 1 कप
गाढ़ा मट्ठा (छाछ)	– 1½ कप
हरी मिर्च	– 3 (कटी हुई)
सब्जियां (अपनी पसंद की)	– ½ कप (कटी हुई)
(गाजर, बीन्स, पालक, प्याज, शिमला मिर्च, पत्ता गोभी)	
बेकिंग सोडा	– ¼ चम्मच
तेल	– 3–4 चम्मच
जीरा	– 1 छोटा चम्मच
सरसों दाना	– 1 छोटा चम्मच
नमक	– स्वादानुसार

विधि

1. सोडा तथा तेल के अलावा सारी सामग्री मिला दें।
2. इसमें मट्ठा मिला कर गाढ़ा पेस्ट बनाएं।
3. तीस मिनट तक अलग रख दें।
4. सोडा मिलाएं।
5. बड़ी कड़ाही में सामग्री डालें तथा गर्म करें।
6. थोड़े से दोनों तरह के बीच कड़ाही में डालें।
7. तड़कने के बाद एक करछी पेस्ट डालें।
8. ढंक कर हल्की आंच पर पकाएं।
9. जब नीचे से कुरकुरा हो जाए तो पलट दें।
10. दूसरी तरफ से भी कुरकुरा कर लें।
11. हरी चटनी या सॉस के साथ गरमागरम परोसें।
12. बचा हुआ पेस्ट भी इसी तरह प्रयोग करें।

हॉट पोटैटो बॉल्स

सामग्री

बेसन	– ½ कप
आलू	– 5
नमक	– स्वादानुसार
हल्दी पाउडर	– ¼ चम्मच
नींबू रस	– 12 बूंदें
लाल मिर्च पाउडर	– 1 छोटा चम्मच

विधि

1. आलू उबाल कर छील लें।
2. फिर आलुओं को मैश कर लें।
3. मैश करके बरतन में डाल लें तथा हल्की आंच पर गर्म करें।
4. लाल मिर्च, नमक, हल्दी तथा नींबू डालें।
5. सारी सामग्री को अच्छी तरह मिलाएं।
6. पांच मिनट तक पकाएं।
7. बरतन उतार लें तथा 5–7 मिनट तक ठंडा होने दें।
8. किसी भी साइज के लड्डू हाथ से बना लें।
9. आधा कप बेसन लेकर उसमें पानी डालें तथा पेस्ट बना लें।
10. कड़ाही में थोड़ा कुकिंग तेल डाल लें तथा गर्म कर लें।
11. आलू के लड्डुओं को पेस्ट में भिगो कर कड़ाही में डालकर तलें।
12. इन तले हुए लड्डुओं को थाली में रखें।
13. ठंडा करके परोसें।

सब्जी का ढोकला

सामग्री

हरी मूंग दाल	– 2 कटोरी
हरी मिर्च	– 2
हींग	– 1 चुटकी
नमक	– स्वादानुसार

विधि

1. मूंग की दाल को चार से पांच घंटे पानी में भिगोएं।
2. दाल में थोड़ा पानी, हरी मिर्च, हींग तथा नमक डालकर पीस लें तथा पेस्ट बना लें।
3. थाली लें, उसमें पेस्ट को फैला दें।
4. इस थाली को ढोकला बर्तन में रखें। अगर आपके पास ढोकला बर्तन नहीं है तो कढ़ाई लें उसमें पानी उबालें फिर इस पर सहारे के साथ थाली रख दें।
5. थाली को ढककर 12 मिनट तक पकाएं। इसमें चाकू घूमाकर देखें। यदि सफाई से बाहर निकल आए तो समझें व्यंजन तैयार है।
6. दही के साथ खाएं।

चाटफाट चटपटी

सामग्री

पफ्ड राइस (कुरमुरा)	– 1½ कप
मिर्च पाउडर	– 1 छोटा चम्मच
हल्दी पाउडर	– ½ छोटा चम्मच
धनिया जीरा पाउडर	– ½ छोटा चम्मच
चीनी	– ½ छोटा चम्मच
नमक	– स्वादानुसार
सरसों दाने	– 1 चम्मच
जीरा	– 1 चम्मच
हरी मिर्च	– 2
करी पत्ता	– 4–5
हींग	– आवश्यकतानुसार

विधि

1. पहले कुरमुरा 2 से 3 मिनट तक पानी में भिगों लें।
2. पानी निकाल दें।
3. गर्म कड़ाही में सरसों के बीज, जीरा, करी पत्ता, हरी मिर्च तथा हींग डालें फिर कुरमुरा डालें। सारी सामग्री अच्छी तरह मिलाएं। यदि जरूरत हो तो स्वादानुसार नमक तथा चीनी मिलाएं।

वेजी डिलाइट

सामग्री

ताजे ब्रेड	– 3 स्लाइस
चुकन्दर पत्ता	– 1
टमाटर	– 3 स्लाइस
खीरा	– 8 स्लाइस
प्याज	– 1 स्लाइस
टमाटर चटनी	– स्वादानुसार
पनीर	– सपरेटा दूध से बना

विधि

1. एक ब्रेड स्लाइस पर चुकन्दर पत्ता, टमाटर स्लाईस, खीरा व्यवस्थित करें। ऊपर से दूसरा ब्रेड रखें।
2. अब टोमैटो कैचअप फैलाएं तथा पनीर एवं प्याज रखें फिर तीसरे ब्रेड से ढक दें।
3. वैजी डिलाइट तैयार है।

सोया ट्रीट

सामग्री

सोया	– ½ पैकेट
पानी	– भिगोने के लिए
प्याज	– 1 बारीक कटी हुई
टमाटर	– 1 कटे हुए
पत्ता गोभी	– 4 चम्मच कसा हुआ
गाजर	– 4 चम्मच कसा हुआ
शिमला मिर्च	– 4 चम्मच बारीक कटी हुई
टमाटर चटनी	– 1 छोटा चम्मच
सोया सॉस	– ½ चम्मच
ऑरेंज जूस (बना हुआ)	– 2 चम्मच
नमक	– स्वादानुसार

विधि

1. सोया को 10 मिनट तक पानी में भिगोएं।
2. सोया का पानी निचोड़ कर अलग रख लें।
3. कढ़ाई में प्याज भूनें जब तक वह गुलाबी न हो जाए।
4. कटे हुए टमाटर के टुकड़े डालें और 50 सेकेंड तक भूनें।
5. सोया और टोमैटो सॉस डालकर थोड़ी देर भूनें।
6. फिर उसके बाद कसा हुआ गाजर, पत्तागोभी डालें और भूनें।
7. ऑरेंज जूस और नमक डालकर चलाएं।
8. सबसे आखिर में बारीक कटी हुई शिमला मिर्च डालकर भूनें।
9. सब्जियों का रंग नहीं बदलना चाहिए।
10. सब्जियां हल्की पकनी चाहिए।
11. उसके बाद सोया नगेट्स डालें और भूनें।

पोहा सलाद

सामग्री

पोहा	– 2 कप
गाजर	– 1 कप (कद्दूकस की हुई)
खीरा	– 1 कप (कद्दूकस किया हुआ)
अदरक–हरी मिर्च पेस्ट	– 1 चम्मच
जीरा पाउडर	– 1 चम्मच
हींग	– 1 चुटकी
चीनी	– स्वादानुसार
नमक	– स्वादानुसार
हरा धनिया	– 1 चम्मच कटा हुआ
पुदीना	– ¼ चम्मच कटा हुआ
नींबू का रस	– 1
किशमिश	– इच्छानुसार

विधि

1. पोहे को धो लें। थोड़ी देर रखे रहने दें ताकि फूल जाए।
2. सारी सामग्री मिलाकर अच्छी तरह मिश्रण बनाएं।

पोटैटो कर्ड कूलर

सामग्री

आलू	– 2 (उबाल कर ठंडे और घिसे हुए)
प्याज	– 2 (कटी हुई)
हरा धनिया	– 1 छोटा चम्मच (कटा हुआ)
इमली की चटनी	– 1 चम्मच
हरी चटनी	– 1 चम्मच
लालमिर्च पाउडर	– ¼ चम्मच
जीरा पाउडर	– 1 चम्मच
नमक	– स्वादानुसार
बीकानेरी सेव (तेल बिना)	– 1 चम्मच
दही (ठंडा)	– ½ कप (मथा हुआ)

विधि

1. आलू छील कर गोल काट लें।
2. बड़ी गहरी थाली में व्यवस्थित करें।
3. सारे आलू के टुकड़ों पर दही रखें।
4. ऊपर से सभी पर चटनी डालें।
5. फिर पिसी मिर्च, नमक तथा जीरा बुरकें।
6. धनिया, प्याज तथा सेब से सजाएं।
7. ठंडा–ठंडा करके परोसें।

कम कैलोरी का टोस्ट सैंडविच

सामग्री

गेहूं का आटा	– 1 कप
बाजरे का आटा	– 1 कप
अंकुरित मूंग	– ½ कप
गाजर	– ½ कप (कद्दूकस की हुई)
शिमला मिर्च	– 1 बारीक कटी हुई
नींबू का रस	– 1 चम्मच
प्याज	– 1 गोल कटा हुआ
टमाटर	– 1 गोल कटा हुआ
गर्म मसाला	– 1 चम्मच
खीरा	– 1 छोटा पीस (गोल कटा हुआ)
काली मिर्च पाउडर	– ½ चम्मच
जीरा पाउडर	– ¼ चम्मच
अदरक	– 1 टुकड़ा कटा हुआ
सोडा बाइकार्ब	– 1 चुटकी
हल्दी पाउडर	– 1 चुटकी
पानी	– 2 कप
नमक	– स्वादानुसार

हरी चटनी के लिए सामग्री

हरा धनिया पत्ता	– ½ कप
पुदीना पत्ता	– ½ कप
जीरा	– 1 छोटा चम्मच
लहसुन, अदरक, हरी मिर्च पेस्ट	– 2 चम्मच
नमक व चीनी	– स्वादानुसार

विधि

1. भरने के लिए मिश्रण बनाने के लिए, अंकुरित मूंग, गाजर, शिमला मिर्च, गर्म मसाला, नींबू तथा नमक मिला लें।
2. गेहूं का आटा, बाजरे का आटा, जीरा, काली मिर्च, नमक, सोडा, अदरक, मिर्च पेस्ट, हल्दी पाउडर तथा पानी अच्छी तरह मिलाएं।
3. हल्की आंच पर उबालें तथा लगातार चलाएं। जब तक पानी सूख कर गाढ़ा पेस्ट न बन जाएं। और फिर अलग उतार कर रख लें।
4. ब्रेड की तरह पेस्ट की 12 चौकोर स्लाइस बना लें।
5. प्रत्येक स्लाइस पर चटनी फैलाएं।
6. हर स्लाइस पर पिट्ठी फैलायें फिर इस पर प्याज, टमाटर व खीरा रखें।
7. यही प्रक्रिया अन्य सैंडविच के लिए अपनाएं।
8. इलैक्ट्रोनिक सैंडविच मेकर में टोस्ट करें।
9. टोमैटो केचअप के साथ परोसें।

भाखरी पिज्जा

सामग्री

गेहूं का आटा	– 4–5 बड़े चम्मच
पनीर	– 2–3 टुकड़े
सॉस	– 1 छोटी कटोरी
ओवन	– पकाने के लिए

विधि

1. आटे में मिर्च तथा नमक मिला कर रोटी बनाने की प्रक्रिया अपनाएं। रोटी सख्त तथा गोलाकार में बनाएं। फिर इसे ओवन में या गैस की लौ पर सेकें। भाखरी तैयार है।

2. दो–तीन मिनट के लिए इसे ठंडा कर लें।

3. एक–दो चम्मच चटनी भाखरी पर फैला दें। फिर इस पर पनीर फैलाएं।

4. आप इसे ऐसे ही खा सकते हैं या फिर इसे तवे पर और पका लें।

5. भाखरी पिज्जा खाने के लिए तैयार है।

पौष्टिक दही वड़ा

सामग्री

ब्रेड	– 5 स्लाइस
मूंग दाल अंकुरित	– 1 चम्मच
अनार	– 1 चम्मच
किशमिश	– 1 चम्मच
नमक तथा काली मिर्च	– स्वादानुसार
चीनी	– स्वादानुसार
अदरक व धनिया	– बारीक कटे हुए

परोसने के लिए सामग्री

सपरेटा दूध का दही	– 1 कप (छनी या कपड़े से छना हुआ)
भुना जीरा	– 1 चम्मच
इमली चटनी	– इच्छानुसार
हरी चटनी या खजूर चटनी	– इच्छानुसार

विधि

1. ब्रेड को पानी में भिगो लें।
2. सारी सामग्री मिला कर मिश्रण बना लें।
3. ब्रेड में से पानी निचोड़ लें।
4. थोड़ा मिश्रण ब्रेड पर रखें फिर वड़े के आकार में फोल्ड कर लें। इसी तरह अन्य ब्रेड के भी वड़े बना लें।
5. इन वड़ों को तश्तरी में व्यसथित कर लें।
6. दही महीन कपड़े में छान लें। इसमें नमक व चीनी मिलाएं।
7. इसे वड़े पर डालें फिर भुने जीरे तथा धनिये से सजाएं।

स्याल पाव

सामग्री

धनिया	– एक गड्डी
हरी मिर्च	– 4
लहसुन	– 8 कलियां
धनिया पाउडर	– 1 चम्मच
हल्दी पाउडर	– 1 छोटा चम्मच
लाल मिर्च पाउडर	– ½ छोटा चम्मच
लाल टमाटर	– 2 मध्यम आकार का
पाव	– 8

विधि

1. धनिया, मिर्च, टमाटर तथा लहसुन धो कर काट लें।
2. अब इन्हें पीस लें। अब इसको गर्म बर्तन में डालें।
3. फिर इसमें सूखे मसाले, गर्म मसाले, नमक मिलाएं तथा मध्यम आंच पर भूनें।
4. अब इसमें एक कप पानी डालें। फिर इसमें पाव डुबो दें।
5. थोड़ी देर पानी सूख जाने तक पकने दें।
6. गरमागरम परोसें।

वेजीटेबल कबाब

सामग्री

मेरीनेट करने के लिए निम्नलिखित सामग्री का मिश्रण बनाएं :

मिर्च पाउडर	– 1 छोटा चम्मच
गर्म मसाला	– 2 चम्मच
अदरक–लहसुन पेस्ट	– 2 चम्मच
योगर्ट	– 3 चम्मच
नींबू जूस	– 2 चम्मच
नमक	– स्वादानुसार
शिमला मिर्च	– 1 बड़ा (4 बड़े टुकड़ों में कटा हुआ)
आलू	– 1 बड़ा (3 बड़े टुकड़ों में कटा हुआ)
पाईन एप्पल	– 100 ग्राम (4 बड़े टुकड़ों में कटा हुआ)
फूलगोभी	– 100 ग्राम (4 बड़े टुकड़ों में कटा हुआ)

विधि

1. मेरीनेट में सब्जियां मिला दें तथा आधे घंटे के लिए अलग रख दें।
2. सब्जियों के छोटे लड्डू बना कर सीखचों में फंसा दें।
3. फिर इनको भून लें तथा बीच–बीच में उलट–पलट कर लें।

मूंगदाल पेनकेक

सामग्री

मूंग दाल हरी	– 2 कप (2 घंटे पानी से भीगी हुई)
खीरा	– 1
प्याज	– 1
गाजर	– 1
घिया सफेद	– 4 इंच के पीस
शिमला मिर्च	– 1
पत्ता गोभी	– ½ कप मोटे टुकड़े किया हुआ
अदरक	– 1 इंच का टुकड़ा
हरी मिर्च	– 3–4
लहसुन	– ½ चम्मच
पालक	– ½ कप (कटा हुआ)
धनिया पत्ता	– 3 चम्मच (बारीक कटा हुआ)
जीरा	– ½ चम्मच
अजवाइन	– ½ चम्मच
नमक	– स्वादानुसार

विधि

1. दाल बारीक पीस लें।
2. कम से कम पानी प्रयोग में लाएं।
3. सारी सब्जियां बारीक काट लें।
4. हरी मिर्च बारीक काट लें।
5. सारी सामग्री दाल में मिला दें।
6. हाथ से अच्छी तरह मथ लें।

पेनकेक बनाने की विधि

1. 2 से 3 चम्मच पानी पिट्ठी में मिलाएं।
2. नॉट स्टिक तवे पर एक करछी मिश्रण डालकर फैलाएं।
3. हल्की आंच पर कुरकुरा होने तक रोस्ट करें।
4. हरी चटनी के साथ गरमागरम परोसें।

पत्तागोभी कटलेट

सामग्री

पत्तागोभी	– ½ किलोग्राम
प्याज	– 2
आलू	– ¼ किलोग्राम
नमक	– स्वादानुसार
अंडा सफेद	– 1 मथा हुआ
हरी मिर्च	– 4–5
हरा धनिया पत्ता	– 1 कप (बारीक कटा हुआ)
मिर्च पाउडर	– 1 छोटा चम्मच
हल्दी पाउडर	– 1 चुटकी
लौंग	– 10

विधि

1. बंदगोभी बारीक काट लें।
2. आलू उबालें तथा बारीक मैश कर लें।
3. प्याज, हरी मिर्च, धनिया बारीक काट लें।
4. धनिये के अलावा सारी सामग्री भून लें।
5. आलू को पत्तागोभी मिश्रण में मिला लें तथा गूथें आटे की तरह बना लें।
6. अंडे के सफेद भाग को कटोरी में मैश कर लें तथा अलग रख दें।
7. मिश्रण के छोटे–छोटे लड्डू बनाएं।
8. छोटी पूरी की तरह बनाएं। इसे मैश किए हुए अंडे में भिगोएं। फिर इसे भूरा होने तक पकाएं।

खस पनीर बाइट

सामग्री

सपरेटा दूध का पनीर	– 400 ग्राम
खस–खस	– 2 चम्मच
चाट मसाला	– थोड़ी मात्रा में
हरा पेस्ट	
ताजा धनिया	– 1 कप (कटा हुआ)
पुदीना	– ½ कप (कटा हुआ)
प्याज	– 1 (कटी हुई)
हरी मिर्च	– 3–4
हींग	– 1 चुटकी
जीरा	– ½ छोटा चम्मच
अमचूर	– 2 छोटा चम्मच
नमक	– ½ छोटा चम्मच

विधि

1. सभी सामग्री मिलाकर पीस लें तथा हरा पेस्ट बना लें।
2. पनीर को बीच में से चीर कर बीच में पेस्ट भर दें तथा कुछ पेस्ट पनीर के चारों ओर लसेड़ दें।
3. प्लेट में रखकर ऊपर से खस–खस फैला दें। पनीर को पलट कर दूसरी तरफ से भी खस–खस लगा दें।
4. पनीर के टुकड़ों को मिला ग्रिल ट्रे में व्यवस्थित करें। 220^{0}C तापमान पर 15 मिनट तक पकाएं।
5. चाट मसाला बुरककर तुरंत परोसें।

ब्रेड इडली

सामग्री

ब्रेड	–	2 स्लाइस
दही	–	2 चम्मच
गाजर	–	1 (कद्दूकस किया हुआ)
आलू	–	2 मध्यम आकार के (उबाले और मैश किए हुए)
हरी मिर्च	–	2
धनिया	–	1 चम्मच
हल्दी	–	1 चुटकी
सरसों दाना	–	1 चम्मच
नमक	–	स्वादानुसार

विधि

1. आलू उबाल कर मैश कर लें।
2. ब्रेड को गोल आकार में काट लें।
3. गर्म कड़ाही में सरसों दाने डालें। फिर हरी मिर्च उसके बाद मथे हुए आलू डालें।
4. अब इसमें स्वादानुसार नमक व हल्दी डालें। फिर धनिया डालें।
5. अब आपका आलू मसाला तैयार है।
6. इस मसाले को कटी हुई ब्रेड पर फैलाएं। अलग बरतन में दही रखें। फिर इसमें गाजर डालें।
7. नॉनस्टिक बर्तन लें। उस पर ब्रेड रखें और मसाला लगी ब्रेड तवे पर होनी चाहिए। इसके ऊपर दही का मिश्रण फैलाएं।
8. इसको भाप देने के लिए छलनी से ढक दें।
9. जब आलू मसाला लाल हो जाए तो आपकी इडली तैयार है।
10. टमाटर सॉस के साथ गरमागरम परोसें।

ब्रेड ढोकला

सामग्री

ब्रेड	– कुछ पीस
हरी मिर्च	– 1 चम्मच (कटी हुई)
अदरक	– 1 चम्मच कटा हुआ
योगर्ट	– 1 कप
सरसों दाना	– 1 चम्मच
करी पत्ता	– थोड़े से
नमक	– स्वादानुसार

विधि

1. ब्रेड के किनारे हटा लें तथा उन्हें चार भागों में काट लें।

2. योगर्ट, कटी हरी मिर्च, अदरक तथा नमक मिला लें।

3. इस मिश्रण को प्रत्येक ब्रेड के प्रत्येक टुकड़े पर तथा दो टुकड़ों को आपस में मिला लें।

4. गर्म बर्तन में सरसों दाने तथा करी पत्ते डालें।

5. जब तड़कने लगें तो सैंडविच रखें तथा दोनों तरफ से सेकें।

6. कैचअप के साथ गरमागरम परोसें।

बीटरूट समोसा

सामग्री

बीटरूट	– 125 ग्राम
आलू	– 50 ग्राम
प्याज	– 50 ग्राम
हरी मिर्च	– 5
अदरक	– 2 पीस
लालमिर्च	– 1 छोटा चम्मच
धनिया पाउडर	– 1 छोटा चम्मच
काली मिर्च	– ½ छोटा चम्मच
मैदा	– 150 ग्राम
नमक	– स्वादानुसार

विधि

1. प्याज, हरी मिर्च, अदरक को छोटे टुकड़ों में काट लें।
2. धनिया, मिर्च, काली मिर्च पीस कर पेस्ट बना लें।
3. चुकन्दर को छोटे–छोटे टुकड़ों में काट लें।
4. आलू उबालकर छिलका उतार लें तथा मैश कर लें।
5. अदरक प्याज तथा हरी मिर्च को नॉन स्टिक बर्तन में भून लें।
6. जब भून जाए तो मसाला मिलाएं।
7. जब मसाला आधा पक जाए तो चुकंदर तथा नमक मिलाएं। फिर ढक दें।
8. जब पक जाए तो आंच से उतार लें। मैश किए हुए आलू इसमें मिला दें।

समोसे की परत बनाने की विधि

1. मैदा में नमक मिला कर पानी छिड़कें फिर अच्छी तरह मिलाएं।
2. फिर मैदा की लोइयां बना कर फैला लें।
3. फिर एक चम्मच मिश्रण रखें तथा किनारों से मोड़ कर समोसा बना लें।
4. फिर पकाएं।

मसालेदार समोसा

सामग्री

नींबू का रस	– 2 चम्मच
आलू	– 2 पके हुए और मैश किए हुए
मटर ताजे	– ½ कप
हरी मिर्च	– 4–5
साबुत धनिया	– ½ चम्मच
चीनी	– स्वादानुसार
नमक	– स्वादानुसार
जीरा	– ½ चम्मच

मैदा गूंथने के लिए सामग्री

मैदा	– 1 कप
चावल आटा	– ½ कप
नमक	– स्वादानुसार
सोडा	– 2 चुटकी
गर्म पानी	– आवश्यकतानुसार

विधि

मैदा गूंथने के लिए

1. गूंथने के लिए सारी सामग्री को गर्म पानी में मिला कर गूंथ लें।

मसाला भरने के लिए

1. मैश किए हुए आलुओं में नींबू नमक तथा चीनी मिलाएं।
2. अब बची हुई सारी सामग्री को आधे मिनट तक मिक्सी में पीसें।
3. पिसी हुई सामग्री को मैश किए हुए आलुओं में मिला दें।
4. अब कड़ाही गर्म करें। गूंथे हुए मैदे की लोइयां बना लें, फिर बेल लें।
5. इन पर आलू का मसाला रख कर कोन बना लें।
6. मध्यम आंच पर पकाएं जब तक भूरा न हो जाए।

सोया नगेट्स मंचूरिया

सामग्री

सोया नगेट्स	– 2 कप
लहसुन	– 4 कलियां (बारीक कटी हुई)
हरी मिर्च	– 3 (बारीक कटी हुई)
हरी प्याज	– 1 कप
मैगी टोमैटो सॉस	– 1 चम्मच
कॉर्न फ्लॉवर	– 1 चम्मच
नमक	– स्वादानुसार
सोया सॉस	– 2 चम्मच

विधि

1. नमक मिले गर्म पानी में सोया नजेट्स पकाएं जब तक ये मुलायम तथा रसदार न हो जाएं।

2. इनका पानी निचोड़ लें।

3. टिशु पेपर से इनको सुखा लें।

4. सोया नगेट्स को भूरा होने तक बेक करें।

5. गर्म कड़ाही में लहसुन, हरी मिर्च डाल कर भूनें।

6. एक भगोने में सोया सॉस, टमाटर सॉस, चिल्ली सॉस, कॉर्न फ्लॉवर तथा थोड़ा पानी अच्छी तरह मिलाएं।

7. अब कड़ाही में सॉस मिक्सचर मिला दें तथा कुछ सेकेंड के लिए उबालें।

8. पकाया हुआ सोया नगेट्स इसमें अच्छी तरह मिलाएं, फिर हरी प्याज से सजाएं।

मूंग दाल इडली

सामग्री

मूंग दाल साबुत	– 1 कप
ईनो फ्रुट साल्ट	– 1 चम्मच
हींग	– 1 चुटकी
लाल मिर्च	– ½ छोटा चम्मच
नमक	– स्वादानुसार
हरी चटनी के लिए	
हरा धनिया	
पुदीना	
हरी मिर्च	
नमक	
चीनी	

विधि

1. दाल को धोकर रात भर भिगो कर रखें।
2. इनो के अलावा दाल तथा अन्य मसाले पीस कर पेस्ट बना लें।
3. पांच मिनट तक रखें।
4. फिर इनो डालकर अच्छी तरह मिलाएं।
5. 8 से 10 मिनट तक मिनी इडली स्टैंड में भाप में पकाएं।
6. दोनों को पिन से जांच कर लें कि इडली तैयार है या नहीं

चटनी के लिए

7. धनिया तथा पुदीना आपस में पीस लें।
8. नमक, चीनी तथा अन्य मसाले इसमें डाल दें।

मूंग दाल इडली

पनीर पकौड़ा

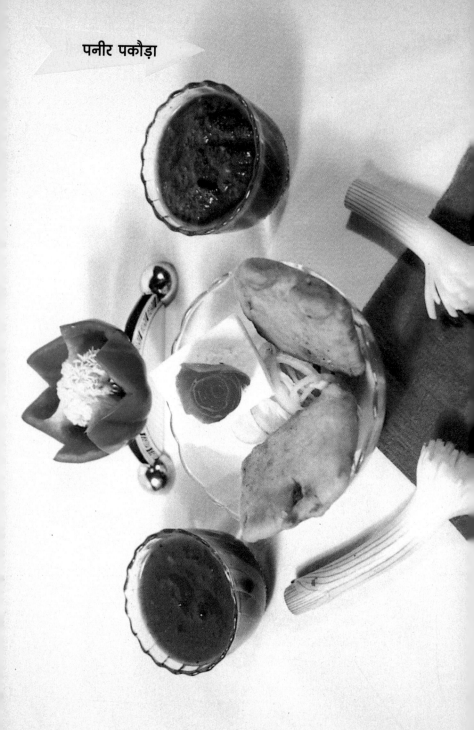

पनीर पकौड़ा

सामग्री

पनीर (डबल टोंड दूध का)	–	¼ किलोग्राम

चटनी सामग्री

पुदीना पत्ते	–	½ कप
धनिया पत्ते	–	½ कप
दही	–	1 छोटा चम्मच
नमक	–	स्वादानुसार

मिश्रण बनाने की सामग्री

बेसन	–	1 कटोरी
हल्दी	–	1 छोटा चम्मच
लाल मिर्च पाउडर	–	1 छोटा चम्मच
अजवाइन	–	¼ चाय का चम्मच
सोडा	–	एक चुटकी
नमक	–	स्वादानुसार

विधि

1. मिश्रण की सभी सामग्री मिलाकर पेस्ट बना लें।
2. पनीर को 1½ इंच के क्यूब में काट लें।
3. इस पेस्ट में पनीर के टुकड़े डालें तथा बेक करें।
4. पुदीने की चटनी के साथ गरमागरम परोसें।

कॉर्न टिकिया

सामग्री

ताजा मक्का दाने	— 4 कप
अंडा (सफेद हिस्सा)	— 1
मैदा	— 1–2 चम्मच
ताजा धनिया पत्ता	— 2 चम्मच (बारीक कटे हुए)
अदरक व लहसुन पेस्ट	— ½ चम्मच
कालीमिर्च	— 1 चम्मच
लाल मिर्च पाउडर	— 1 चुटकी
नमक	— स्वादानुसार
हरी मिर्च	— 2 कटी हुई

विधि

1. मक्का को कटोरे में रखें।

2. सफेद अंडा, मैदा, धनिया, नमक, काली मिर्च, लाल मिर्च, अदरक व लहसुन का पेस्ट हरी मिर्च कटोरे में डाल कर मिलाएं।

3. अच्छी तरह मिला कर मिश्रण बनाएं।

4. गर्म कड़ाही में 1 चम्मच मिश्रण डाल कर दोनों तरफ से भूनें।

5. हरे धनिये से सजा कर सॉस के साथ परोसें।

करी चाट

सामग्री

करी के लिए सामग्री

छाछ (मट्ठा)	– 1 किलोग्राम
बेसन	– 200 ग्राम
हरी मिर्च	– 2–3 कटी हुई
कालीमिर्च	– 1 चुटकी
नमक	– स्वादानुसार

चाट के लिए सामग्री

भेल पापड़ी	– 10–12 पीस
अंकुरित, उबली मूंग	– ¼ कप
अंकुरित, उबली मोठ	– ¼ कप
काले चने अंकुरित व उबले	– ¼ कप
हरे चने अंकुरित व उबले	– ¼ कप

कोफ्ते के लिए सामग्री

चना दाल भीगी हुई	– ¼ कप
पालक	– ¼ कप छोटे पीस में कटा हुआ
लाल मिर्च पाउडर	– 1 चम्मच
नमक	– स्वादानुसार
हींग	– 1 चुटकी

कटे हुए पत्ता गोभी, गाजर, शिमला मिर्च, धनिया सजाने के लिए

विधि

करी के लिए

1. सारी सामग्री मिला कर तीस मिनट तक भाप में पकाएं।

चाट के लिए

1. पापड़ी का चूरा कर लें। मोंठ, मूंग, काले तथा हरे चने का तड़का लगाएं।
2. इसमें मसाला मिलाएं। नींबू की 4–5 बूंदें डालें। फिर गर्म मसाला मिलाएं।

कोफ्ते के लिए

1. दाल पीस लें। इसमें पालक तथा मसाला मिला कर भाप दें और फिर ओवन में बेक करें।

करी चाट परोसने के लिए

1. एक भगोना लेकर उसमें पापड़ी डालें फिर चाट रखें।
2. कोफ्तों को दो भागों में काट कर डालें। फिर करी मिलाएं।
3. आखिर में पत्तागोभी, गाजर, शिमला मिर्च व धनिया मिलाएं।

पनीर, कॉर्न, वेजिटेबल बॉल्स

सामग्री

आलू	– ½ किलोग्राम
मक्का के दाने	– 2 कप उबाले हुए
सब्जियां	– 1½ कप उबली हुई (फ्रेंच बीन, मटर, गाजर)
काली मिर्च पाउडर	– ¼ चम्मच
पनीर	– 6 (चौकोर टुकड़े)
धनिया	– 2 चम्मच (कटा हुआ)
नमक	– स्वादानुसार
हरी मिर्च	– 4 (महीन कटी हुई)
अदरक पेस्ट	– 1 चम्मच

विधि

1. उबले आलुओं को मैश कर लें।
2. ब्रेड स्लाइस पीस लें। सब्जियां, मक्का तथा नमक मिला लें।
3. मिर्च तथा अदरक पेस्ट मथे हुए आलुओं में मिला लें।
4. इसमें पनीर, काली मिर्च तथा अन्य सामग्रियां अच्छी तरह मिला लें।
5. छोटी–छोटी बॉल्स बना लें फिर उन्हें पकाएं।
6. हरी चटनी के साथ या कैचअप के साथ गरमागरम परोसें।

चिप्स रोल्स

सामग्री

आलू (चिप्स के लिए)	– 2 बड़े साइज
पनीर	– 50 ग्राम
चावल (पके हुए)	– ½ कप
हरी मिर्च	– 2 बारीक कटी हुई
धनिया पत्ता	– 1 चम्मच
नमक व काली मिर्च पाउडर	– स्वादानुसार
अमचूर पाउडर	– थोड़ा–सा

विधि

1. आलू के चिप्स बना लें।
2. सारी सामग्रियां आपस में मिला लें।
3. एक चिप्स लेकर चावल का बना पेस्ट रोल बनाएं। फिर धागे से बांध लें।
4. इन रोल्स को कुरकुरा होने तब पकाएं।
5. टोमैटो कैचपअ के साथ गरमागरम परोसें।

वेजिटेबल खाकरास

सामग्री

गेहूं आटा	– 2 कप
नमक	– स्वादानुसार
टमाटर	– 2
खीरा	– 2 मध्यम साईज
प्याज	– 1
धनिया	– 1 छोटा चम्मच
घी	– थोड़ी मात्रा में
लालमिर्च पाउडर	– 1 छोटा चम्मच
जीरा पाउडर	– ½ छोटा चम्मच

विधि

1. आटे में नमक डालकर गूंथ लें। इसकी 10–12 चपातियां बना लें। इनको आधा सेक लें। फिर खाकारास बना लें।

2. थोड़ी लालमिर्च तथा जीरा बुरकें। फिर कटे हुए खीरा और टमाटर तथा प्याज डालें।

3. परोसने के लिए व्यंजन तैयार है।

मक्का के रोल

सामग्री

ब्रेड	– 12 पीस
अमेरिकन कॉर्न	– 1 कप (उबले हुए)
उबले आलू	– 1 बड़ा साइज
प्याज	– 1 (बारीक कटी हुई)
हरी मिर्च–अदरक पेस्ट	– 1 चम्मच
धनिया	– ¼ कप (कटा हुआ)
नींबू रस	– 1 चम्मच
नमक	– स्वादानुसार

विधि

1. ब्लैंडर में स्वीक कॉर्न कुचल लें।
2. आलू को मैश करके कॉर्न, हरी मिर्च तथा अदरक पेस्ट, धनिया, नींबू तथा नमक के साथ मिला दें।
3. कटी हुई प्याज को भुनें।
4. मथे हुए मिश्रण में प्याज मिलाएं।
5. इस मिश्रण को 12 भागों में बांट दें। ओवल आकार देकर अलग रख दें।
6. ब्रेड के किनारे हटा लें तथा पानी में भिगो दें। फिर पानी निचोड़ दें।
7. ब्रेड पर पोटैटो कॉर्न रोल रखें। फिर इसको दूसरे ब्रेड से ढंककर रोल बना लें।
8. सारे रोल को बेकिंग ट्रे में रखें।
9. 180^0 तापमान पर ओवन में पकाएं।
10. टमाटर की चटनी तथा हरी चटनी के साथ गरमागरम परोसें।

हरी मटर बॉल्स

सामग्री

हरी मटर	— 250 ग्राम
मक्की का आटा	— 1 चम्मच
बेसन	— 2 चम्मच
धनिया पत्ते	— 1 गड्डी
हरी मिर्च	— 5
नमक	— स्वादानुसार
अदरक	— 1 सें.मी.
लहसुन	— 3 से 4

विधि

1. मटर को प्रेशर कूकर में तीन से पांच मिनट तक भाप दें।
2. अदरक तथा लहसुन का बारीक पेस्ट बनाएं।
3. इसमें अदरक, लहसुन का पेस्ट, नमक, हरी मिर्च, जीरा, धनिया तथा मटर में मिलाएं।
4. मिश्रण को हल्का मैश कर लें।
5. अब इसमें बेसन तथा कॉर्नफ्लोर मिलाएं।
6. छोटी मटर बॉल बना कर पकाएं।

मशरूम समोसा

सामग्री

प्याज	– 1 (कटी हुई)
मशरूम	– 300 ग्राम (कटा हुआ)
अदरक पेस्ट	– 1 चम्मच
हरी मिर्च	– 3 चम्मच (कटी हुई)
गर्म मसाला	– 2 चम्मच
जीरा	– ½ चम्मच
धनिया पत्ते	– 2 चम्मच (कटे हुए)
नींबू रस	– 2 चम्मच
नमक	– स्वादानुसार

विधि

1. गूंथने की सारी सामग्री मिला कर अच्छी तरह गूंथ लें।
2. गर्म बर्तन में प्याज भूनें।
3. इसमें अन्य सामग्री मिला कर मशरूम के मुलायम होने तक पकाएं।
4. इसमें नींबू का रस मिलाएं।
5. धनिया काट कर मिलाएं, फिर ठंडा कर लें।
6. गूंथे हुए आटे की छोटी–छोटी लोइयां बना लें।
7. फिर इन्हें बेल लें तथा बेल कर दो हिस्सों में काट लें।
8. फिर इनको मीनारों से मोड़ कर कोन बना लें। फिर इसमें 1 चम्मच मिश्रण भर कर बंद कर दें।
9. इसे भूरा होने तक पकाएं।

इन्सटेंट सूजी फिंगर

सामग्री

सूजी	– 1 कप
प्याज	– 2 कटी हुई
धनिया	– 2 चम्मच (कटा हुआ)
डबलटोंड दूध	– 1 कप
नमक व कालीमिर्च	– स्वादानुसार
पानी	– 1 कप

विधि

1. गर्म कड़ाही में प्याज भूनें।
2. सूजी डाल कर चलाएं।
3. इसमें दूध, धनिया, नमक तथा काली मिर्च अच्छी तरह मिलाएं।
4. फिर इसे पकाएं।
5. एक थाली पर फैला लें।
6. परोसने के समय अंगुली के आकार में काट कर पका लें।
7. पुदीने की चटनी के साथ गरमागरम परोसें।

हरा बेसन टिक्का

सामग्री

कटी हुई प्याज	– ¼ कप
लहसुन	– 6 कलियां (कटा हुआ)
बेसन	– 2 कप
पानी	– 2½ कप
हल्दी पाउडर	– ¼ छोटा चम्मच
हींग	– चुटकी भर
नमक	– स्वादानुसार
धनिया पत्ता	– ½ कप (कटा हुआ)
पालक	– ½ कप (कटा हुआ)
मेथी पत्ते	– ¼ कप (कटे हुए)
हरी मिर्च, अदरक पेस्ट	– 1 चम्मच

विधि

1. केसरोल में प्याज तथा लहसुन रखें। ओवन में दो मिनट तक भूनें।
2. बेसन में पानी मिला कर पेस्ट बना लें। इसे कैसरोल में डाल लें। 80^0 तापमान पर 4 मिनट तक पकाएं। एक बार चला दें।
3. बची हुई सामग्री मिला दें। फिर 4 मिनट तक पकाएं। एक बार चलाएं।
4. मिश्रण को ट्रे पर रखें तथा आयाताकर में फैला लें। बिलकुल ठंडा होने पर चौकोर काट लें।
5. इन चौकोर टुकड़ों को सेक लें। नॉन स्टिक बर्तन इस्तेमाल करें।
6. धनिये की चटनी के साथ परोसें।

आलू कॉरनी

सामग्री

आलू	– 8 मीडियम साइज
प्याज	– ¼ कप (कटी हुई)
लहसुन	– 1 चम्मच (कटा हुआ)
कॉर्न (मक्का)	– ½ कप
हरा धनिया	– 1 चम्मच (कटा हुआ)
सेलेरी	– 1 चम्मच (कटा हुआ)
पैपरिका पाउडर	– 1 चुटकी
डबल टोंड दूध	– ½ कप
गेहूं का आटा	– 1½ चम्मच
मथा हुआ पनीर	– 30 ग्राम
कालीमिर्च पाउडर	– ½ छोटा चम्मच
नमक	– स्वादानुसार

विधि

1. आलू छिलका समेत धोएं तथा सिल्वर फॉइल में लपेट दें।
2. इन आलुओं की 30 से 40 मिनट तक ओवन में रख कर पकाएं।
3. आलू के सिरे से छिलका तथा पेपर हटा दें तथा इसमें गोल छेद करके गूदा निकाल दें।
4. गर्म कड़ाही में प्याज, लहसुन तथा सेलेरी डाल कर भूनें। इसमें कॉर्न डाल कर 3 से 4 मिनट तक भूनें।
5. आटा मिला कर चलाएं फिर इसमें ठंडा दूध डाल कर लगातार हिलाएं।
6. नमक, कालीमिर्च, पैपरिका पाडउर मिलाएं।
7. धनिया डालें। अच्छी तरह हिला कर ठंडा कर लें।
8. जब कुनकुना हो जाए तो इस मिश्रण को आलू में भर लें तथा ऊपरी भाग में पनीर भरें।
9. ओवन में पनीर के भूरा होने तक पकाएं।
10. गरमागरम परोसें।

रिब रेड रोल

सामग्री

अधिक पके चावल	– ½ कप
एक दिन पुरानी ब्रेड	– 5 पीस
हरी मिर्च	– 4 (कटी हुई)
नींबू रस	– 3 चाय का चम्मच
लहसुन	– 1 कली (इच्छानुसार)
मिर्च पाउडर	– ¼ छोटा चम्मच
धनिया पत्ता	– 3 चम्मच (कटा हुआ)
नमक	– स्वादानुसार

विधि

1. मिक्सर में चावलों को दस मिनट तक पीसें।
2. ब्रेड को कुचल कर चावल में मिला दें।
3. अन्य सामग्री डाल कर अच्छी तरह मिलाएं।
4. रोल बना लें, फिर पकाएं।
5. हरी चटनी या टोमेटो कैचअप के साथ परोसें।

बर्ड नेस्ट

सामग्री

आलू	– ½
मिर्च	– ½ चम्मच
गरम मसाला	– 1 चुटकी
धनिया	– थोड़ी मात्रा में
पुदीना	– कुछ पत्ते
नींबू रस	– 1 चम्मच
मैदा	– 1 चम्मच
सेवैया	– ¼ किलोग्राम

विधि

1. आलू उबालकर मैश कर लें।
2. इसमें मिर्च, गरम मसाला, नींबू, धनिया, पुदीना तथा नमक मिलाएं।
3. मैदा में एक कप पानी डालें।
4. आलू मिश्रण की छोटी बॉल बना लें।
5. इन बॉलों को मैदा में डुबो दें।
6. फिर इन बॉलों को सेवईयों में डुबाएं।
7. फिर इन बॉलों को भूरा होने तक पकाएं।

ब्रेड सरप्राइज़

सामग्री

डबल रोटी	—	10 पीस
शिमला मिर्च	—	2 मीडियम साइज
प्याज	—	2 मीडियम साइज
सूजी	—	½ कप
धनिया पत्ते	—	कुछ पत्ते (कटे हुए)
हरी मिर्च	—	1 (कटी हुई)
नमक	—	स्वादानुसार
चीनी	—	1 छोटा चम्मच

विधि

1. शिमला मिर्च के बीज निकाल दें। उसके बाद प्याज व शिमला मिर्च बारीक काट लें।

2. इसमें सूजी, धनिया, हरी मिर्च, नमक तथा चीनी डालकर अच्छी तरह मिलाएं।

3. ब्रेड स्लाइस पर फिलिंग रखकर फैलाएं।

4. नॉन–स्टिक तवे पर ब्रेड स्लाइस रखें।

5. जब एक तरफ से सिक जाए तो पलट कर दूसरी तरफ से सेकें ताकि अच्छी तरह कुरकुरी हो जाए।

6. इसी तरह बची हुई ब्रेड सेकें।

7. अब स्लाइस को दो भागों में काट लें।

8. टोमैटो कैचअप के साथ गरमागरम परोसें।

मसाला टोस्ट

सामग्री

ब्रेड	– 1 लोफ (पैकेट)
धनिया	– 1 गड्डी
हरी मिर्च	– 5
अदरक	– छोटा पीस
नींबू	– आधा
लहसुन	– 2 चम्मच
टोमेटो सॉस	– ½ कप
जीरा	– 1 छोटा चम्मच
चीनी	– 1 चम्मच
बेसन	– 1½ कप
मिर्च पाउडर	– ½ छोटा चम्मच
गर्म मसाला	– ½ छोटा चम्मच
नमक	– स्वादानुसार
सोडा	

विधि

1. बेसन में पिसी मिर्च, सोडा, गर्म मसाला मिलाकर पकौड़े बनाएं।
2. चटनी की सामग्री मिक्सी में पीसकर हरी चटनी बनाएं।
3. टमाटर सॉस, लहसुन, जीरा, चीनी तथा नमक पीसकर लाल चटनी बनाएं।
4. एक ब्रेड लेकर ऊपर से हरी चटनी लगाएं। इसे दूसरे ब्रेड से ढक दें। दूसरे ब्रेड के ऊपर लाल चटनी लगाएं तथा तीसरे ब्रेड से ढक दें। अब इसे बेसन में भिगोकर पकाएं।
5. उतारकर प्लेट पर रख लें तथा काट–काट कर परोसें।

बेक्ड गार्लिकी फ्रेंच फ्राई

सामग्री

आलू	– 4 बड़े साइज
लहसुन	– 4 कलियां (कटे हुए)
मिर्च पाउडर	– ½ छोटा चम्मच
नमक	– स्वादानुसार

विधि

1. आलुओं को छीलकर अंगुली की आकार में काट लें।
2. नमक मिले पानी में 2 मिनट तक भिगोएं।
3. पानी पूरी तरह से निकालकर कपड़े या पेपर से सुखाएं।
4. बड़े बर्तन में डाल दें।
5. हाथ से कटे आलुओं को अच्छी तरह घुमाएं।
6. इनको पकाने वाले बर्तन में 10 मिनट तक पकाएं। जब कुरकुरे हो जाएं तो लहसुन मिलाएं।
7. एक मिनट तक और पकाएं फिर पिसी मिर्च तथा नमक मिलाएं।
8. गरमागरम परोसें।

पुदीना क्रेकर

सामग्री

क्रेकर	– 1 पैकेट
पुदीना पत्ते	– 2 कप
धनिया पत्ते	– ½ कप
प्याज	– 1
इमली पेस्ट	– 1 छोटा चम्मच
नमक	– स्वादानुसार
सरसों दाने	– 1 छोटा चम्मच
उड़द दाल	– ½ छोटा चम्मच
सूखी लाल मिर्च	– 2 छोटी
लहसुन	– 5 कलियां

विधि

1. कड़ाही में सरसों बीज, उड़द दाल तथा लाल मिर्च का तड़का लगाएं।
2. फिर इसमें लहसुन तथा प्याज डालें।
3. इसके बाद धनिया तथा पुदीना डालकर रोस्ट करें।
4. इस मिश्रण को मिक्सी में डालें फिर नमक तथा इमली के साथ पीसकर पेस्ट बना लें।
5. क्रेकर पर चटनी फैलाएं।
6. चाय के साथ पुदीना क्रेकर परोसें।

थ्री इन वन समोसा

सामग्री

भरने के लिए

हरी मटर	– 1 कप
धनिया पत्ते	– 2 चम्मच (कटे हुए)
हरी मिर्च व अदरक पेस्ट	–
नमक	– स्वादानुसार
नींबू	– 1

सफेद फिलिंग

ताजे मक्का दाने	– 1 कप
हरी मिर्च व अदरक पेस्ट	– स्वादानुसार
नमक	– स्वादानुसार

ऑरेंज फिलिंग

चना दाल	– 1 कप (सारी रात भीगी हुई)
प्याज	– 1 (कटी हुई)
हल्दी पाउडर	– 1 छोटा चम्मच
लाल मिर्च पाउडर	– 1 छोटा चम्मच
अमचूर पाउडर	– 1 छोटा चम्मच
हींग	– 1 चुटकी
नमक	– स्वादानुसार

समोसे की ऊपरी तैयारी के लिए

मैदा	– 1 कप
नमक	– स्वादानुसार
पानी	– गूंथने के लिए

विधि

1. बड़ी गहरी कड़ाही गर्म करें। इसमें मिर्च–अदरक पेस्ट भूनें। फिर इसमें कुचली हुई मटर, नमक, नींबू मिला कर भूनें तथा उतार कर अलग रख लें।
2. कॉर्न को मोटा पीसने के बाद गर्म बर्तन में डालें। इसमें नमक मिलाकर भूनें फिर इसमें हरी मिर्च–अदरक पेस्ट मिलाएं फिर आंच से उतारकर अलग रख लें।
3. गर्म बर्तन में हींग व चना दाल डालें। जब तक दाल पक न जाए गर्म करें। फिर ऑरेंज फिलिंग की सारी सामग्री इसमें मिलाएं। अच्छी तरह मिलाने के बाद आंच से उतार लें।
4. मैदा में पानी डालकर गूंथ लें।
5. इसकी गोल पतली चपाती बनाकर कड़ाही में दोनों तरफ से भून/सेंक लें।
6. चपाती के दो भाग कर लें। फिर इनके कोन बना लें। इसमें हरी सामग्री भर लें, फिर सफेद वाला तथा अंत में ऑरेंज फिलिंग भर लें। फिर कोन का मुंह बंद कर लें।
7. पकाएं।
8. चटनी या कैचअप के साथ गरमागरम परोसें।

इडली, सांबर, चटनी

सामग्री

इडली के लिए :

उड़द की धुली दाल	–	1 कप
चावल	–	2 कप
नमक	–	1 स्वादानुसार

सांबर के लिए :

अरहर की दाल	–	2 कप
बैंगन	–	4 छोटे
ड्रम स्टीक	–	1
टमाटर	–	2
प्याज	–	2 बड़े
धनिया	–	आवश्यकतानुसार
इमली	–	½ कप
गुड़	–	¼ कप
सरसों के बीज	–	½ छोटा चम्मच
जीरा	–	½ छोटा चम्मच
हींग	–	1 चुटकी
करी पत्ता	–	8

सांबर मसाला :

चने की दाल	–	2 छोटा चम्मच
उड़द की दाल	–	1 छोटा चम्मच
साबुत धनिया	–	2 छोटा चम्मच
जीरा	–	1 छोटा चम्मच
सुखी हुई लाल मिर्च	–	3
लौंग	–	2–3
दालचीनी	–	3–5
काली मिर्च	–	7–8
मेथी के बीज	–	10–12

चटनी :

चना दाल	–	½ छोटा चम्मच
धुली उड़द की दाल	–	½ छोटा चम्मच
अदरक	–	¼ इंच
लहसुन	–	2–3 फांक
धनिया	–	½ कप
नमक	–	¼ छोटा चम्मच
सरसों के बीज	–	¼ छोटा चम्मच
करी पत्ता	–	5–6

विधि

इडली बनाने के लिए

1. सुबह उड़द की दाल तथा चावल अलग–अलग भिगो लें तथा इकट्ठे रात में पीस लें।
2. पानी तथा नमक डालकर अच्छी तरह मिलाएं। मिश्रण गाढ़ा बना लें।
3. मिश्रण को बर्तन में रात भर ढककर रखें।
4. मिश्रण को इडली सांचे में डालें।
5. इडली को 10–15 मिनट तक भाप दें।
6. बर्तन कुकर से हटाकर ठंडा होने दें।
7. ध्यान से इडली निकाल लें।
8. यही प्रक्रिया अन्य इडलियों के लिए अपनाएं।

सांबर बनाने के लिए

1. सारे मसालों को भून लें।
2. दाल भी भून लें।
3. सूखी लाल मिर्च डालकर अच्छी तरह चलाएं।
4. सभी सामग्री को मिलाकर ठंडा करके पीस लें तथा चूर्ण बना लें।

सांबर बनाने की विधि

1. दाल में थोड़ी हल्दी डालकर पकाएं।
2. करची से मैश कर लें। इसमें सरसों, जीरा, हींग तथा करी पत्ता मिला लें।
3. इसमें प्याज डालकर पकाएं।
4. इसे पकी हुई दाल में डाल दें। इसमें मसाला मिलाकर दो कप पानी डालें।
5. सब्जियों को उलटकर अच्छी तरह मिलाएं और फिर पकाएं।
6. आधे घंटे तक इमली पानी में भिगोकर रखें तथा जूस निकाल लें।
7. यह जूस, दाल में गुड़ के साथ मिलाएं तथा 2–3 बार उबालें।

चटनी

1. चना दाल, उड़द की दाल, अदरक तथा लहसुन भूनें।
2. सारी सामग्री को हरी मिर्च, धनिया तथा चीनी के साथ पीसकर पेस्ट बना लें।
3. सरसों के दानों को भूनें फिर इसमें करी पत्ता तथा हींग मिलाएं।
4. इसे चटनी में डालकर अच्छी तरह हिलाएं।

इडली सांबर चटनी के साथ

पनीर टिक्का

पनीर टिक्का

सामग्री

पनीर (डबल टोंड दूध का)–	½ किलोग्राम
शिमला मिर्च	– 2
टमाटर	– 2
लहसुन पेस्ट	– 1 छोटा चम्मच
अदरक पेस्ट	– 1 छोटा चम्मच
हरी मिर्च	– 1 बारीक कटा
मिर्च पाउडर	– 1½ छोटा चम्मच
गर्म मसाला	– 1 छोटा चम्मच
पपीता कसा हुआ	– 1 छोटा चम्मच
जावित्री	– 1 छोटा टुकड़ा
दही	– 1 कटोरी
नमक	– स्वादानुसार

विधि

1. एक प्याली दही में सभी चीज मिला लें। फिर फेंट कर मिश्रण बना लें। यह लाल तंदूरी मसाला है।

2. 15 मिनट तक मिश्रण में पनीर, शिमला मिर्च तथा टमाटर मिलाएं तथा सींखचों में लगाकर दोनों तरफ से सेकें।

3. खीरा, टमाटर, प्याज तथा कच्चे पपीते से सजाएं।

4. गरमागरम परोसें।

वेज कॉइन

सामग्री

गेहूं	— 250 ग्राम
आलू	— 5
मटर	— 250 ग्राम
नमक	— स्वादानुसार
लाल मिर्च पाउडर	— स्वादानुसार
पानी	
पनीर (सपरेटा दूध का)	— 25 ग्राम
प्याज	— 3

विधि

1. गर्म तवे पर प्याज काट कर डालें, फिर इसे भूनें। गैस से उतार लें।

2. दूसरे बर्तन में थोड़े गेहूं डालें। इसमें मैश किए आलू लाल मिर्च, नमक तथा मटर मिलाएं।

3. फिर इसमें कटा हुआ पनीर डालें।

4. आवश्यकतानुसार पानी डालकर गूंथ लें।

5. अब इसके छोटे कवाइन बनाकर पकाएं फिर उतार लें।

6. जब भूरा हो जाए तो चटनी के साथ गरमागरम परोसें।

कॉर्न ढोकला

सामग्री

खट्टा दूध	– 1 डिब्बा
स्वीट कॉर्न	– 1 कप
बेसन	– ¼ कप
मिर्च	– 3 (कटी हुई)
लहसुन	– 3 कलियां
अदरक	– 1 टुकड़ा
मिर्च पाउडर	– 1 चम्मच
हल्दी पाउडर	– 1 चुटकी
बेकिंग पाउडर	– 2 छोटा चम्मच
नमक	– स्वादानुसार

विधि

1. खट्टे दूध में सारी सामग्री डालकर अच्छी तरह मिलाएं।

2. इस मिश्रण को दो भागों में बांटे तथा एक–एक चम्मच बेकिंग पाउउर डालकर अच्छी तरह हिलाएं।

3. हर भाग को डबल बॉयलर में डालकर प्रत्येक को 20 मिनट तक भाप दें।

4. गाढ़ा होने तक ठंडा कर लें फिर चौकोर काट लें।

पनीर टिट-बिट

सामग्री

डबल टोंड दूध का पनीर	– 24 पीस बना लें
पानी	– 1 कप
लहसुन पेस्ट	– 1½ कप
अदरक पेस्ट	– 1 चम्मच
सोया सॉस	– 1½ चम्मच
चिली सॉस	– 1 चम्मच
सिरका	– 1 चम्मच
टोमेटो सॉस	– 2 चम्मच
चीनी	– 1 छोटा चम्मच
काली मिर्च	– ¼ छोटा चम्मच
पुदीना	– 1 चम्मच (कटा हुआ)
अजीनोमोटो	– आवश्यकतानुसार
मिर्च पाउडर	– ½ छोटा चम्मच
नमक	– स्वादानुसार

विधि

1. पनीर क्यूब भूनें।
2. सॉस पॉन में सारी सामग्री डालकर उबलने दें।
3. इसमें पनीर डालकर तीन मिनट तक चलाएं।
4. ढक कर फिर आंच से उतार लें।
5. ग्रेवी में से पनीर निकालकर अलग रख लें।
6. थाली में पनीर रखकर पुदीना पत्ते से सजाएं।

खीरे की कचौड़ी

सामग्री

खीरा	– 2 मीडियम साइज
दही (डबल टोंड दूध की)	– 500 ग्राम
अजवायन पाउडर	– ½ छोटा चम्मच
जीरा पाउडर	– 1 छोटा चम्मच
नमक	– स्वादानुसार
लाल मिर्च पाउडर	– ½ छोटा चम्मच
सूजी	– 250 ग्राम
मैदा	– 500 ग्राम

विधि

1. मलमल के कपड़े में दही बांध दें।

2. दो घंटे तक पानी निकलने दें।

3. खीरे को कुचल लें तथा कपड़े में रखकर निचोड़ दें ताकि सारा पानी निकल जाए।

4. फिर इसमें दही, अजवायन, नमक, जीरा, मिर्च मिलाकर पेस्ट बना दें।

5. सूजी तथा मैदा में नमक डालकर गूंथ लें।

6. छोटी–छोटी लोइयां बना लें। दो लोई की एक लोई बनाकर बेल लें। इस पर तीन चम्मच पेस्ट रखकर दूसरी लोई रखकर बेल लें। फिर इसे किनारे से बंद कर लें।

7. अब कचौड़ी में कांटे से छेद कर लें।

8. इडली स्टैंड में कचौड़ी रखकर भाप दें। जब कचौड़ी भूरी हो जाए तो समझें तैयार है। पुदीने की चटनी के साथ परोसें।

ब्रेड टिक्की

सामग्री

टिक्की के लिए

बेसन	– 2 कप
पानी	– 1 मीडियम कप
अदरक पेस्ट	– ½ चम्मच
हरी मिर्च	– 1½ चम्मच
प्याज	– 3 मीडियम साइज (कटी हुई)
दही	– 1 चम्मच
सोडा	– ½ चाय का चम्मच

टिक्की बेस के लिए

सैंडविच ब्रेड	– 2 स्लाइस
पनीर (सपरेटा दूध का)	– 2 क्यूब
टोमेटो कैचअप	

विधि

बेस बनाने के लिए

1. ब्रेड को चार भागों में काट दें।
2. ब्रेड भूनें।

टिक्की बनाने की विधि

1. बेसन में पानी डालकर अच्छी तरह मिलाएं।
2. इसमें हरी मिर्च, अदरक पेस्ट, प्याज, दही अच्छी तरह मिलाएं।
3. नमक तथा सोडा अच्छी तरह मिलाएं।
4. भुनने से पहले धनिया पत्ता मिलाएं।
5. नॉन स्टिक पैन में टिक्की भूनें।

6. हाथ में थोड़ा मिश्रण रखकर टिक्की बनाएं।

7. एक—एक करके टिक्की भूनें।

परोसने की विधि

1. एक ब्रेड लें। उस पर मिली हुई टिक्की रख दें।

2. फिर इस पर थोड़ा कैचअप रखें।

3. पनीर के बारीक टुकड़े कर लें।

4. गरमागरम परोसें।

ढोकला डिलाइट

सामग्री

ढोकला के लिए

बेसन	– 2 कप
नमक	– स्वादानुसार
अदरक, हरी मिर्च पेस्ट	
ताजा धनिया	– ½ कप (कटा हुआ)
हींग	– 1 चुटकी
खट्टी गाढ़ी दही	– 1 कप
इनो फ्रूट साल्ट	– 1 छोटा चम्मच

सीजनिंग के लिए

सरसों के दाने

ताजा धनिया (कटा हुआ)

फिलिंग के लिए

पनीर (टोंड दूध से बना हुआ और मथा हुआ)

कुछ हरी मिर्च (कटा हुआ)

गाजर	– ½ कप (कद्दूकस किया हुआ)
चेरी या अंगूर	– ½ कप (काटी हुई)
धनिया पत्ते	– ½ कप
अदरक	– 1 चम्मच (कटी हुई)
नमक	– स्वादानुसार
चीनी	– ¼ छोटा चम्मच
नींबू रस	– ½ छोटा चम्मच

फिलींग के लिए सारी सामग्री मिला लें।

विधि

ढोकला बनाने के लिए

1. फ्रुट साल्ट के सिवाय सारी सामग्री मिला लें।
2. पानी डालकर पेस्ट बना लें।
3. इस दौरान गैस पर प्रेशर कुकर तैयार रखें। दो गोल पॉन कुकर में रख दें।
4. जब पॉन गर्म हो जाए तो ढोकला मिश्रण में फ्रुट नमक डालकर अच्छी तरह हिलाएं।
5. फिर तुरंत गर्म पॉन पर उड़ेल दें तथा 30 मिनट के लगभग भाप दें।
6. अगर चाकू घुसाने के बाद बिलकुल साफ बाहर आ जाए तो ढोकला तैयार है।
7. ढोकले को ठंडा होने दें।
8. ढोकले पर चीनी वाला पानी डालकर मुलायम कर लें।
9. एक प्लेट पर ढोकला व्यवस्थित करें।
10. इस पर पनीर फिलिंग डालें।
11. इस पर दूसरा ढोकला रख दें।
12. थोड़ा–सा दबाव डालें ताकि फिलिंग अच्छी तरह सैंडविच हो जाए।
13. तेल में सरसों के बीज तल कर ढोकले पर बुरक दें। धनिया पत्ते बुरकें।
14. चौकोर काटने के बाद हरी चटनी या खट्टी–मीठी चटनी या टोमैटो सॉस के साथ परोसें।

ईजी स्नैक

सामग्री

चावल का आटा	–½ कप
मैदा	–½ कप
दही	–2 चम्मच
हरी मिर्च (कटा हुआ)	–1 छोटा चम्मच
प्याज (कटी हुई)	–½ कप
अदरक (कटी हुई)	–½ छोटा चम्मच
धनिया	–2 चम्मच (कटा हुआ)
पुदीना पत्ता	–1 चम्मच (कटा हुआ)
गाजर	–2 चम्मच (कद्दूकस की ह
नमक	–स्वादानुसार
सोडा	–1 चुटकी

सारी सामग्री में पानी डालकर मिश्रण बनाएं।

विधि

1. आटा, मैदा, सोडा तथा नमक मिलाकर छान ले
2. सारी सामग्री को बड़े कटोरे में डाल लें।
3. सारी सामग्री में पानी मिलाकर मिश्रण बना ले
4. मिश्रण थोड़ा गाढ़ा बना लें जैसे प्याज के पकौ का मिश्रण बनाते हैं।
5. इडली स्टैंड पर पकौड़ा धीरे से रखें।
6. मध्यम आंच पर पकौड़े को भाप दें तथा भूरा हो तक पकाएं।
7. चटनी या सॉस गरमागरम परोसें।

ब्रेड भेल पूरी

सामग्री

ब्रेड	—	5–6 स्लाइस
खीरा	—	1 छोटा (कटा हुआ)
प्याज	—	1 बड़ा (कटा हुआ)
आलू	—	2–3 (उबालकर छिला हुआ तथा गोल कटा हुआ)
धनिया	—	½ कप (बारीक कटा हुआ)
सेब	—	1 (कटा हुआ)
इमली चटनी	—	½ कप
टमाटर	—	1 (कटा हुआ)

इमली की चटनी की सामग्री

इमली	—	100 ग्राम
गुड़	—	50 ग्राम
नमक	—	स्वादानुसार
काला नमक	—	स्वादानुसार

विधि

1. ब्रेड स्लाइस के किनारे निकालकर छोटे चौकोर टुकड़े कर लें।

2. कड़ाही को गर्म करके ब्रेड भूनें।

3. ब्रेड के टुकड़ों को कटोरे में रखें। इसमें प्याज, टमाटर, खीरा, आधा धनिया, आलू तथा सेब मिलाएं।

4. इसमें नमक तथा चटनी मिलाकर अच्छी तरह मिलाएं।

5. ऊपर से धनिया तथा सेब से सजाएं।

लाल
टिक-टॉक

सामग्री

चावल	– 1 कटोरी
चुकन्दर	– 1 बड़ा (उबालकर मथा हुआ)
आलू	– 3 (उबालकर मथा हुआ)
प्याज	– 2 (बारीक कटी हुई)
टमाटर	– 2 (बारीक कटे हुए)
सूजी	– 1 कप
अदरक लहसुन पेस्ट	– 1 चाय का चम्मच
धनिया	– 1 चम्मच (कटा हुआ)
मिर्च पाउडर	– 1 चम्मच
अजवाइन	– 1 छोटा चम्मच
चाट मसाला	– 1 छोटा चम्मच
धनिया पाउडर	– 1 छोटा चम्मच
सपरेटा दूध का पनीर	– 200 ग्राम (मथा हुआ)
नमक व कालीमिर्च	– स्वादानुसार

विधि

1. प्याज, टमाटर, पिसी मिर्च, पिसा धनिया, अजवायन, अदरक–लहसुन पेस्ट, पनीर, चाट मसाला, आलू, चुकन्दर, नमक, काली मिर्च आपस में अच्छी तरह मिलाएं।
2. इस मिश्रण में चावल डालकर हाथ से अच्छी तरह मिलाएं !
3. मिश्रण के पेड़े बना लें तथा सांचे की सहायता से हृदय आकार दें।
4. सूजी में लपेट कर उन्हें पकाएं।
5. सॉस/चटनी के साथ गरमागरम परोसें।

हरी मटर

सामग्री

हरी मटर	– 1–½ कप
कटी प्याज	– ½ कप
हींग	– 1 चुटकी
लाल मिर्च पाउडर	– ½ छोटा चम्मच
जीरा	– ½ छोटा चम्मच
ताजी हरी मिर्च	– 2
नमक	– स्वादानुसार
नींबू रस	– थोड़ा सा
चीनी	– थोड़ी सी
भुना जीरा पाउडर	
धनिया	– 3/4 (कटा हुआ)
परोसने के लिए दही बिलोया हुआ।	

विधि

1. कड़ाही में मटर डालें। इसमें पानी तथा थोड़ा नमक डालें।

2. इसे आंच पर रखे रहने दें जब तक मुलायम न हो जाए।

3. गर्म कड़ाही में हींग, जीरा तथा प्याज डालें। जब अच्छी तरह भुन जाए तो हरी मिर्च मिलाएं।

4. लाल मिर्च मिलाएं, फिर मटर, नमक तथा चीनी मिलाएं।

5. नींबू डालकर आंच से उतार लें।

6. परोसने वाले भगोने में डालें, ऊपर से दही मिलाएं।

7. धनिये तथा भुने जीरे ऊपर से बुरक दें।

स्पैनिश टॉरटीला

सामग्री

उबले आलू	– ½ किलोग्राम
प्याज	– 3–4 पीस (पतले और लम्बे कटे हुए)
मैदा	– 1 चम्मच
मक्का आटा	– 1 चम्मच
बेसन	– 1 चम्मच

विधि

1. नॉन स्टिक बर्तन में प्याज डालकर भूनें।

2. इसमें बहुत ही बारीक किए हुए आलू डालें तथा अच्छी तरह मिलाएं।

3. कटोरे में सभी प्रकार के आटे, नमक तथा पानी डालकर तरल (पतला) पेस्ट बनाएं।

4. इस पेस्ट को प्याज तथा आलू में मिलाएं। मध्यम आंच में धीरे–धीरे चलाएं। जब अच्छी तरह मिल जाए तो आंच कम कर दें तथा 10–15 मिनट के लिए छोड़ दें ताकि सेट हो जाए।

5. देख लें कि सेट हो गया है। फिर प्लेट की मदद से इसे पलट दें तथा दूसरी तरफ से पकाएं। परोसने से पहले ही टुकड़े कर लें। इसे टोमैटो कैचअप के साथ खाएं। इसे ब्रेड में रखकर सैंडविच की तरह भी खा सकते हैं।

पालक टोस्ट

सामग्री

पालक	– ½ किलोग्राम
धनिया	– कुछ पत्ते
आलू	– 4–5
हरी मिर्च, अदरक पेस्ट	– 1 चम्मच
अमचूर पाउडर	– ½ छोटा चम्मच
गर्म मसाला	– 1 चम्मच
अचार (जीरो ऑयल)	– 1 चम्मच
नमक	– स्वादानुसार
ब्रेड पाव	– 1
काली मिर्च पाउडर	– 1 चम्मच

विधि

1. पालक के पत्ते डंठल से अलग करके गर्म पानी में उबालें।

2. ठंडा करके पीस लें।

3. आलू उबालकर मैश कर लें तथा सारे मसाले मिला दें।

4. इसमें पालक भी मिला दें।

5. एक ब्रेड स्लाइस लें। इस पर आलू पेस्ट रखें तथा हाथ से दबाव डालकर फैला लें। इसी तरह अन्य ब्रेड पीस में भी करें।

6. ब्रेड को ओवन में 5 मिनट तक पकाएं।

7. अगर आप चाहें तो पनीर तथा काली मिर्च भी फैला सकते हैं।

खांडवी

सामग्री

बेसन	– 1 चाय का चम्मच
मट्ठा	– 3 प्याला
हल्दी पाउडर	– ½ छोटा चम्मच
हींग	– ¼ छोटा चम्मच
हरी मिर्च	– 4
अदरक	– ½ इंच
नमक	– स्वादानुसार
सरसों दाना	– 1 छोटा चम्मच
कटा धनिया	– 3 चम्मच
हींग	– 2 चुटकी

विधि

1. हरी मिर्च तथा अदरक का पेस्ट बनाएं।
2. बेसन, मट्ठा, हल्दी, हींग, मिर्च, पेस्ट तथा नम को अच्छी तरह मिलाएं।
3. मिश्रण को गर्म करके लगातार चलाएं।
4. थोड़ा पेस्ट को प्लेट में डालकर देखें कि गाढ़ा गया है। यदि मिश्रण को एक मिनट बाद रे करके उठाया जा सकता है तो यह फैलाने लिए तैयार हो गया है।
5. मिश्रण को पतला–पतला थाली में फैला लें।
6. ठंडा होने के बाद लंबा–लंबा काट लें।
7. अब इन कटे हुए टुकड़ों को रोल कर लें।
8. बर्तन गर्म करके सरसों दाना भूनें।
9. भूनने के बाद हींग तथा व्यवस्थित रोल इस डालें।
10. ऊपर से कटा हुआ धनिया बुरकें।

खांडवी

सब्जी के कटलेट

सब्जी के कटलेट

सामग्री

आलू	–	¼ किलोग्राम
गाजर	–	¼ किलोग्राम
पत्ता गोभी	–	¼ किलोग्राम
फ्रेंच बीन्स	–	¼ किलोग्राम
टमाटर	–	1 बड़े साइज का
प्याज	–	2 मध्यम साइज
ब्रेड स्लाइस	–	10–12
नमक	–	स्वादानुसार
हल्दी पाउडर	–	¼ छोटा चम्मच
चीनी	–	2 छोटा चम्मच
धनिया, जीरा पाउडर	–	2 छोटा चम्मच

सूखे ब्रेड का पाउडर (ब्रेड क्रम्ब)

मसाला

हरी मिर्च	–	10–12
अदरक	–	2 इंच
लहसुन	–	15–16 कलियां
काली मिर्च	–	20–25 दाने

विधि

1. सब्जियों को बारीक काट लें फिर उन्हें उबालें। सभी मसाले पीस लें।

2. प्याज महीन काट लें।

3. मसाले भून लें फिर उबली हुई सब्जी अच्छी तरह मिलाएं।

4. चीनी, नमक, हल्दी, पिसा धनिया, जीरा मिलाकर मिश्रण को भूनें।

5. मिक्सर में ब्रेड स्लाइस को अच्छी तरह पीस कर पाउडर बना लें।

6. इस पाउडर को सब्जी के मिश्रण में मिला कर ठंडा कर लें। छोटी लोइयां बना कर उन्हें बेल लें।

7. एल्युमिनियम सांचे में इन्हें आकार दें। फिर ब्रेड क्रम्ब में रोल करें।

8. तवे पर इन्हें भूनें। जब एक तरफ से भूरे रंग में पक जाए तो पलट कर दूसरी तरफ से पकाएं।

9. टोमैटो कैचअप और धनिये की चटनी के साथ गरमागरम परोसें।

मिन्टी दाल कबाब

सामग्री

चने की दाल	— 1½ कप
नमक	— 1 चम्मच
इलायची बड़ी	— 1 (कुचली हुई)
लौंग	— 3–4 (कुचली हुई)
साबुत काली मिर्च	— 3–4 (कुटी हुई)
अदरक	— 1 इंच का टुकड़ा (कुचला हुआ)
लहसुन	— 4–5 कलियां (कुचली हुई)
पानी	— 2½ कप

अन्य सामग्री

हरी मिर्च	— 2 बारीक कटी हुई
प्याज	— 2 बारीक कटी हुई
पुदीना	— 4–5 चम्मच (कटा हुआ)
गर्म मसाला	— ½ चम्मच
अमचूर	— ½ चम्मच

विधि

1. दाल साफ करके धो लें। इसमें नमक, जीरा, इलायची, लौंग, काली मिर्च, अदरक, लहसुन तथा पानी डाल कर प्रेशर कुकर में पकाएं।
2. एक सीटी के बाद कम आंच पर प्रेशर कुकर 15 मिनट तक रखें।
3. प्रेशर ड्रॉप के बाद दाल को करछी से मैश करें। अगर दाल में पानी है तो मैश करते हुए सुखा लें तथा आंच से उतार लें।
4. मैश की हुई दाल में अन्य सामग्री मिलाएं।
5. नमक जांच लें अगर जरूरत हो तो छोटी लोई बना कर डिस्क में फैला लें।
6. 230°C तापमान पर 20 मिनट तक पकाएं। पुदीने की चटनी के साथ गरमागरम परोसें।

सूजी का चीला

सामग्री

मोटी सूजी	– ½ कप
बेकिंग पाउडर	– ¼ चम्मच
नमक	– ½ चम्मच
सपरेटा दूध का दही	– ½ कप

ऊपरी सजावट के लिए सामग्री

प्याज	– 1 छोटी (बारीक कटी हुई)
शिमला मिर्च	– 1 छोटी (बारीक कटी हुई)
टमाटर	– ½ कप (छिलका उतार क बारीक कटी हुई)
नमक	– ½ चम्मच

विधि

1. सूजी में दही मिला कर गाढ़ी पिट्ठी बनाएं।
2. इसमें बेकिंग पाउडर तथा नमक डाल कर अच्छी तरह मिलाएं तथा नमक मिला कर 10 मिनट व लिए अलग रख दें।
3. अगर पिट्ठी गाढ़ी हो तो 2 चम्मच पानी मिलाएं
4. कम आंच पर तवा रख कर गर्म करें तथा नेपकी से पोंछें।
5. एक चम्मच पिट्ठी तवे पर डालें तथा चीले की तर फैला लें। यह ज्यादा पतला नहीं होना चाहिए।
6. इस तरह और चीले को भी बनाएं।
7. जब चीला बन जाए तो ऊपर से टॉपिंग मिश्र डालें।
8. ध्यान से चीले को पलट लें ताकि दूसरी तरफ भी पक जाए।
9. तीन से चार मिनट बाद उतार लें तथा गरमागर परोसें।

बेबी कॉर्न तथा मिन्ट स्लाइस

सामग्री

गार्लिक ब्रेड	– 1 स्लाइस में कटी हुई
सपरेटा दूध का पनीर	– 50 ग्राम (टुकड़े किया हुआ)
पुदीना	– 2 चम्मच (कटा हुआ)

बेबी कॉर्न टॉपिंग

बेबी कॉर्न	– 150 ग्राम
सिरका	– 2 चम्मच
सोया सॉस	– 2 चम्मच
लाल मिर्च सॉस	– 1 चम्मच
मक्की का आटा	– 1 चम्मच ½ कप पानी में घोला हुआ
नमक	– ½ चम्मच
काली मिर्च	– ½ चम्मच

टमाटर स्प्रेड

लहसुन	– 6–8 कलियां कुचली हुई
लाल मिर्च पाउडर	– ¼ चम्मच
टमाटर प्युरी	– ½ कप
टमाटर सॉस	– 2 चम्मच
अजवाइन	– ½ चम्मच
नमक	– ½ चम्मच
काली मिर्च	– स्वादानुसार

विधि

1. स्प्रेड बनाने के लिए सारी सामग्री मिला लें। पांच मिनट तक कम आंच पर पकाएं तथा एक तरफ रख दें।
2. टॉपिंग बनाने के लिए सारी सामग्री गहरी कड़ाही में मिलाएं तथा फिर बेबी कॉर्न स्लाइस डालें। कम आंच पर रख कर पकाएं तथा चलाते रहें।
3. टमाटर स्प्रेड को स्लाइस पर फैलाएं। कुछ बेबी कॉर्न को सॉस में व्यवस्थित करें।
4. ऊपर से पनीर के टुकड़े बुरकें। फिर पुदीना, काली मिर्च तथा नमक डालें।
5. 200^0 C तापमान पर 7–8 मिनट तक कुरकुरा होने तक पकाएं। ज्यादा न पकाएं। गरमागरम परोस दें।

भरवां चटनी इडली

सामग्री

सूजी	– 1 कप
इनो फ्रूट साल्ट	– 1 चम्मच
सपरेटा दूध का दही	– 1 कप
पानी	– ½ कप
नमक	– स्वादानुसार
करी पत्ता चटनी	
करी पत्ता	– ¼ कप
हरा धनिया	– ½ कप (कटा हुआ)
हरी मिर्च	– 2
जीरा	– ¼ छोटा चम्मच
अमचूर	– ½ छोटा चम्मच
चीनी	– ½ छोटा चम्मच
नमक	– स्वादानुसार

विधि

1. चटनी की सभी सामग्री को 3–4 चम्मच पानी के साथ पीसकर चटनी बना लें।
2. कड़ाही में सूजी डालकर भूनें फिर आंच से उतार लें।
3. इसमें नमक डालकर अच्छी तरह मिलाएं तथा ठंडा होने दें।
4. फिर दही, पानी तथा ईनो फ्रुट साल्ट मिलाकर अच्छी तरह फेंटें।
5. इडली कप्स स्टैंड में 1 चम्मच मिश्रण डालें। हर इडली के बीच में एक चम्मच चटनी फैलाएं। अब

चटनी के ऊपर दूसरी चम्मच सूजी मिश्रण के रखें ताकि चटनी सैंडविच बन जाए।

6. भाप के लिए एक बड़े प्रेशर कूकर में एक इंच पानी डालें। फिर आंच पर रख दें। अब इडली के सांचे को कुकर में रखकर सीटी निकालकर ढक्कन बंद कर दें।
7. जब पानी उबल जाए और भाप बाहर निकलनी शुरू हो जाए तो आंच धीमी कर दें। चाकू घुसाकर जांच कर लें कि इडली बनी है या नहीं।
8. आंच से उतारकर सांचें में से इडली निकाल लें। 5 मिनट ठंडा करके परोसें।

मूंग दाल चीला

सामग्री

हरी मूंग की दाल	– 3 कप
हरी मिर्च	– 6 (कटी हुई)
जीरा	– 2 छोटा चम्मच
अदरक	– 1 टुकड़ा
हींग	– 1 चुटकी
धनिया	– 1 मुट्ठी कटा हुआ
नमक	– स्वादानुसार

विधि

1. रात भर मूंग की दाल भिगोए रखें।
2. हाथ से रगड़कर छिलके उतार लें तथा मिक्सी में पीस कर बारीक पिट्ठी बना लें। धीरे–धीरे पानी निकालें। फिर हींग मिलाएं।
3. जीरा, अदरक, नमक तथा धनिया को पेस्ट में मिला लें।
4. नॉन स्टिक तवा गर्म करें तथा एक चम्मच मिश्रण तवे पर फैला लें।
5. फिर चीले को पलटकर दूसरी तरफ से सेकें।
6. पुदीने की चटनी के साथ गरमागरम परोसें।

बेक्ड पोटैटो कबाब

सामग्री

आलू उबले हुए	–	500 ग्राम (छीलकर मथे हुए)
ब्रेड	–	2 (पानी से भिगो कर निचोड़ लें)
जीरा (भुना हुआ)	–	1 चाय का चम्मच
नमक व मिर्च पाउडर	–	स्वादानुसार
ब्रेड क्रम्बस	–	2 कप

फिलिंग के लिए सामग्री

प्याज	–	3
हरी मिर्च	–	3
धनिया हरा	–	1 मुट्ठी
चीनी	–	1 छोटा चम्मच
गर्म मसाला	–	½ छोटा चम्मच
अनार दाना (सूखा)	–	2 चम्मच
पुदीना	–	1 कप (पिसा हुआ)
नमक	–	स्वादानुसार

विधि

1. प्याज की चटनी बनाने के लिए सभी सामग्री बिना पानी मिलाए पीस लें।

2. अगर आप चाहें तो खट्टा करने के लिए नींबू रस मिला सकते हैं।

3. अब आलुओं को ब्रेड तथा सीजनिंग के साथ मिलाकर गूंथ लें।

4. थोड़ा हिस्सा हाथ में लेकर हथेली पर फैला लें।

5. थोड़ी चटनी डालकर रोल बना लें फिर ओवन में 200°C तापमान पर ओवन में पकाएं।

नमक पारे

सामग्री

मैदा	– 600 ग्राम
काली मिर्च	– 1 छोटा चम्मच
नमक	– स्वादानुसार
जीरा	– 2 चम्मच

विधि

1. मैदा में काली मिर्च, नमक तथा जीरा मिलाकर तथा जरूरत के अनुसार पानी डालकर गूंथ लें।
2. बराबर भागों में बांटकर पेस्ट्री बोर्ड पर रोल कर दें।
3. डायमंड आकार में काट लें।
4. 200^0C तापमान पर 15 मिनट तक ओवन में सेकें।

वेजीटेबल मोमोस

सामग्री

प्याज	– 2 (गोल कटी हुई)
गाजर	– 1 छीली हुई तथा कद्दूकस की हुई
हरी मिर्च	– 1 कटी हुई
मैदा	– 2 कप
बंद गोभी	– 1 कप कटी हुई
धनिया पत्ता	– 2 चम्मच बारीक कटा हुआ
मक्का का आटा	– 2 चम्मच
सोया सॉस	– 1 चम्मच
अदरक–लहसुन पेस्ट	– 1 चम्मच
नमक–काली मिर्च	– स्वादानुसार

सॉस के लिए

सोया सॉस	– 3 चम्मच
सिरका	– 3 चम्मच
टमाटर कैचअप	– 1 चम्मच
लाल मिर्च	– 1 चम्मच
अदरक–लहसुन पेस्ट	– ½ चम्मच
नमक तथा काली मिर्च	– स्वादानुसार

विधि

1. सॉस बनाने के लिए सारी सामग्री मिक्सी में पीस लें।
2. नॉन स्टिक तवे पर अदरक–लहसुन पेस्ट डालें।

इसमें सब्जियां डाल दें फिर कुरकुरा होने तक भूनें।

3. सोया सॉस, नमक तथा काली मिर्च मिलाएं। सूखने तथा मुलायम होने तक पकाएं। इस फिलिंग को अलग रख दें।

4. मैदा तथा मक्का के आटे को गूंथ लें तथा छोटे आकार की लोइयां बना लें। फिर इनको बेल लें।

5. इन पर एक चम्मच मिश्रण रखकर दुबारा से किनारों से मोड़कर लोई बना लें। इस तरह सभी लोइयां बना लें।

6. अब तवे पर इन मोमोस (लोइयों) को इस तरह व्यवस्थित करें कि आपस में टच न करें। इडली स्टैंड पर रखकर 10 मिनट तक भाप दें। फिर तैयार होने के बाद चटनी के साथ गरमागरम परोसें।

चना दाल भेल

सामग्री

चना दाल	– 100 ग्राम
अदरक का छोटा टुकड़ा	– 1
मिर्च	– 1–2 ग्राम (बारीक कटी हुई)
छोटी प्याज	– ½ (कटी हुई)
लहसुन कली	– 2 (बारीक कटी हुई)
सपरेटा दूध का खट्टा दही	– 3/4 कप
नींबू रस	– ½ या 1 चम्मच
चीनी	– ½ या 1 चम्मच
हींग	– 1 चुटकी
काली मिर्च	– ¼ चम्मच
करी पत्ता	– 6–7
नमक	– स्वादानुसार
सोडा बायकार्बोनेट	– ¼ चम्मच
हल्दी	– 1 चुटकी
सजाने के लिए बारीक कटा धनिया	

विधि

1. चना दाल को रात भर भिगो कर रखें। सुबह पानी निकाल दें।

2. आधी दाल में अदरक, हरी मिर्च तथा दही मिलाकर मोटा–मोटा पीस लें।

3. इस मिश्रण में बची हुई दाल डाल दें तथा नमक, हल्दी मिलाएं। फिर छः घंटे तक ढक कर रख दें।

4. मिश्रण में सोडा, नींबू तथा चीनी मिलाएं।

5. इस मिश्रण को इडली स्टैंड में भाप दे कर पकाएं। फिर छोटे–छोटे टुकड़े कर लें।

6. एक चम्मच में हींग, सरसों के दाने गर्म करें तथा मिश्रण में मिलाएं।

7. तवे पर लहसुन–प्याज भूनें फिर करी पत्ता डालें तथा मिश्रण में मिला दें।

8. ऊपर से हरी धनिया बुरक दें तथा खाने का आनंद लें।

मसालेदार एगप्लान्ट सेवरी

सामग्री

बैंगन	– 250 ग्राम
लहसुन	– 5 कलियां
टमाटर	– 3 मध्यम आकार के
प्याज	– 1 मध्यम आकार
हरी मिर्च	– 2–3
पुदीना पत्ते	– ¼ कप
ताजा धनिया पत्ता	– ¼ कप
नींबू का रस	– 1 चम्मच
नमक	– स्वादानुसार
ब्राउन ब्रेड	– 4 स्लाइस

विधि

1. बैगन धो लें तथा कांटे से इन्हें गोद लें।
2. इनको सीधे आंच पर भून लें फिर ठंडा करके छिलका उतार लें तथा अच्छी तरह धोकर बारीक काट लें या कुचल लें।
3. लहसुन, टमाटर, प्याज, हरी मिर्च, पुदीना तथा धनिये को धोकर बारीक काट लें।
4. इन सभी सामग्री को बैंगन में मिला दें। फिर नींबू तथा नमक मिलाएं।
5. ब्रेड को टोस्ट करके इस पर मिश्रण फैला दें।
6. ऊपर से पुदीने के कटे पत्ते बुरक दें तथा ब्रेड के दो या चार भाग करके व्यंजन का आनंद लें।

जैन भाकरी पिज्जा

सामग्री

गेहूं का आटा	– 500 ग्राम
नमक	– स्वादानुसार
टमाटर कैचअप	
शिमला मिर्च	– 2–3 (कटी हुई)
टमाटर	– 3
छोटी बंद गोभी	– 1 (कटी हुई)
सपरेटा दूध का पनीर	– 300 ग्राम (छोटे टुकड़े)

विधि

1. बर्तन में आटा नमक मिलाकर इसे गूंथ लें। आटा ज्यादा मुलायम नहीं होना चाहिए।

2. रोटी के आकार में भाकरी बेल लें तथा तवे पर डाल दें तथा कपड़े की सहायता से भाकरी पर दबाव डालें।

3. भाकरी बनने के बाद कठोर मगर कुरकुरी बनेगी।

4. कटोरे में टमाटर कैच अप डालें फिर इसमें शिमला मिर्च तथा बंदगोभी डालकर अच्छी तरह मिला लें।

5. इस पेस्ट को भाकरी पर फैला लें तथा तवे पर रखकर किसी बर्तन से ढककर पकने दें।

6. 2–5 मिनट तक गैस पर रखें।

7. ऊपर से पनीर बुरक दें।

ची–ची
पी–पी
टोस्ट

सामग्री

ब्रेड	– 8 स्लाइस
शिमला मिर्च	– 1 कप (छोटे टुकड़े)
हरी मिर्च	– 3
सपरेटा दूध का पनीर	– 1 चम्मच (मैश किया हुआ)
आलू	– 2 कप (मैश किए हुए)
मक्का का आटा	– 1 चम्मच
नमक	– स्वादानुसार
धनिया पत्ते	– 1 चम्मच

विधि

1. सभी सामग्री को अच्छी तरह मिला लें।
2. प्रत्येक ब्रेड पर मिश्रण की आधा इंच मोटी परत फैला दें।
3. फिर ओवन में ग्रिल करके पकाएं।
4. इस टोस्ट को हरी चटनी के साथ परोसें।

मैक्सीकन फिंगर्स

सामग्री

टापिंग के लिए

लाल राजमा	– ½ कप (रात भर भिगा हुआ)
ब्रेड स्लाइस	– 4—5
सूखी लाल मिर्च	– 1
सोडा	– 1 चुटकी
अजवायन	– ¼ चम्मच
प्याज	– 1 (कटी हुई)
लहसुन	– 1 चम्मच
लाल मिर्च पाउडर	– ½ चम्मच
टमाटर कैचअप	– 1 चम्मच
काली मिर्च पाउडर	– 1 चुटकी
नमक	– स्वादानुसार
हरी मिर्च सॉस	– इच्छानुसार

विधि

1. कुकर में राजमा डालें, फिर साथ में नमक सोडा तथा सूखी लाल मिर्च डालें।

2. दो सीटियों के बाद आंच कम कर दें तथा 20 मिनट तक रखा रहने दें, फिर गैस बंद कर दें।

3. तवा गर्म करें। इस पर अजवाइन तथा लहसुन पेस्ट डालें। जब भुन जाए तो प्याज डालें, फिर भुनें।

4. अब राजमा डालें। साथ में कैचअप लाल मिर्च नमक डाल कर हल्की आंच पर पकाएं। जब

मिश्रण सूख जाए तो अलग से उतार कर रख दें।

5. क्रीम चीज बनाने के लिए योगर्ट को महीन कपड़े में बांध कर 30 मिनट तक रखें फिर फेट लें।

6. स्वादानुसार नमक तथा काली मिर्च डाल कर अच्छी तरह मिलाएं।

7. जब आप परोसने के लिए तैयार हों तब ब्रेड को अंगुली आकार में काट कर टोस्ट कर लें।

8. इसके ऊपर पकाया हुआ राजमा तथा पनीर रखें। ऊपर से चिल्ली सॉस डालें। फिर हरी प्याज से सजा कर गरमागरम परोसें।

नेस्ट रोल्स

सामग्री

आलू	– 4
मक्की का आटा	– 1 चम्मच
सफेद अंडा	– 1 मध्यम
ब्रेड के टुकड़े	– 1 चम्मच
नमक	– स्वादानुसार
काली मिर्च	– आधा चम्मच
सपरेटा दूध का पनीर	– 30 ग्राम
बारीक सेवइयां	

विधि

1. आलू उबालकर मैश कर लें।
2. सेवइयों के अलावा सब कुछ मिला दें तथा रोल बना दें।
3. इन रोल्स को सेवइयों में रोल कर लें ताकि नेस्ट की तरह नजर आए तथा पकाएं।
4. मिर्च के कैचअप के साथ परोसें।

इडली डिलाइट

सामग्री

इडली	– 10–12 (पहले से बनी हुई)
सरसों के बीच	– ½ चम्मच
करी पत्ता	– थोड़े से
हरी मिर्च	– 2–3 (बारीक कटी हुई)
जीरा	– ½ चम्मच
मिर्च पाउडर	– 1 चम्मच
हल्दी पाउडर	– ½ चम्मच
बेल सेव	– ½ कप (भुना हुआ)
इमली की चटनी	– थोड़ी सी
धनिया	– सजाने के लिए

विधि

1. इडली को छोटे टुकड़ों में काट लें तथा अलग रख दें।
2. तवा गर्म करें तथा सरसों के बीज एवं जीरा भूनें।
3. हरी मिर्च तथा करी पत्ता डालकर चलाएं।
4. हल्दी, लाल मिर्च तथा इडली डालें।
5. हल्की आंच पर मिश्रण को 5 मिनट तक भूनें।
6. आंच से उतारकर धनिया पत्ता, चटनी तथा बारीक सेवइयों से सजाएं।
7. गरमागरम परोसें।

पनीर तथा कॉर्न पैटीज

सामग्री

सपरेटा दूध का पनीर	– 1 किलो (छोटे टुकड़े)
अदरक–मिर्च पेस्ट	– 2 चम्मच
प्याज	– 12 गोल कटे हुए
मक्का के दाने	– 250 ग्राम (धुले हुए)
ब्रेड के टुकड़े	– 1 कप
धनिया	– ½ कप (कटा हुआ)
पुदीना	– ¼ कप (कटा हुआ)

सॉस के लिए

लाल शिमला मिर्च	– ½ (बारीक कटी हुई)
मीठी चिल्ली सॉस	– 1 कप

विधि

1. सारी सामग्री एक भगोने में इकट्ठा करके अच्छी तरह मिलाएं।
2. मिश्रण की 30 बाल्स बना लें तथा पैटीज आकार दें।
3. पहले से गर्म ओवन में पैटीज को बेकिंग ट्रे में रखकर 25–30 मिनट तक पकाएं।
4. पकाने के दौरान पैटीज को दोनों तरफ से पलटकर सेकें।
5. चटनी के साथ गरमागरम परोसें।

गोल्ड कोइन

सामग्री

ब्रेड	– 1 पैकेट
गाजर	– 100 ग्राम
फ्रेंच बीन	– 100 ग्राम
स्प्रिंग प्याज	– 4
शिमला मिर्च	– 1
आलू	– 2
सोया सॉस	– 2 चम्मच
अजीनोमोटो	– ¼ चम्मच
नमक	– स्वादानुसार
चिल्ली सॉस	– 1 चम्मच
मैदा	– 1 कप

विधि

1. आलू उबालकर मैश कर लें।
2. सब्जियों को बारीक लम्बा–लम्बा काटकर 2 मिनट तक पानी में उबालें।
3. नॉन–स्टिक तवे को गर्म करके उसमें वे सब्जियां तथा अजीनोमोटो डालकर मुलायम होने तक पकाएं।
4. जब सब्जी ठंडी हो जाए तो शिमला मिर्च, आलू प्याज, सोया तथा चिल्ली सॉस, नमक डालकर अच्छी तरह मिलाएं।
5. ब्रेड गोल आकार में काट लें, मैदा का पेस्ट बना लें।
6. सब्जी मिश्रण को ब्रेड पर रखें।
7. अब मैदा पेस्ट ऊपर से फैलाएं।
8. पकाने के बाद चिल्ली सॉस के साथ परोसें।

सोयाबीन व्हील

सामग्री

सोयाबीन	– 25 ग्राम
मैदा	– 50 ग्राम
नमक	– स्वादानुसार
लाल मिर्च	– 1 चुटकी

विधि

1. सोयाबीन रात भर भिगोएं तथा सुबह छिलका उतार कर मोटा–मोटा पीस लें।

2. तवा गर्म करके उस पर सोयाबीन भुने तथा मसाले डालकर आंच से उतार लें।

3. मैदा डाल कर पानी से पूरी बनाने का आटा गूंथ लें।

4. 1/8 इंच मोटाई में आटा रोल कर लें।

5. ऊपर से सोयाबीन मिश्रण डालकर रोल कर लें।

6. रोल को थोड़ी देर फ्रिज में रखें फिर ¼ इंच मोटाई में तेज चाकू से काट लें।

7. इन व्हील्स को ओवन में पका लें।

कर्ड रिंग

सामग्री

चावल का आटा	– 1 कप
हरी मिर्च का पेस्ट	– ½ चम्मच
धनिया पत्ता	– 1 चम्मच (कटा हुआ)
सपरेटा दूध का खट्टा दही	– 2 कप
नमक	– स्वादानुसार

विधि

1. मोटा बर्तन लें। उसमें दही, चिली पेस्ट तथा नमक डाल कर उबालें।

2. चावल का आटा डालें तथा आंच कम कर दें।

3. 15 मिनट तक उबालें।

4. अच्छी तरह मिला कर छोटी लोइयां बना लें फिर गोल आकार में रोल कर लें।

5. इन्हें भूरा होने तक पकाएं।

सूखी भेल

सामग्री

मुरमुरे	– 4 कप
प्याज	– 1 (कटी हुई)
खीरा	– 1 (कटा हुआ, बीज निकला)
टमाटर	– 1 (कटा हुआ, बीज निकला)
हरी मिर्च	– 1 बारीक कटी हुई
चाट मसाला	– 1½ चम्मच
अमचूर	– ½ चम्मच

विधि

1. बड़े बर्तन में मुरमुरे डालें। इसमें अमचूर तथा चाट मसाला मिलाएं।
2. कटी हुई सब्जी मुरमुरों में मिला दें।
3. ऊपर से धनिया बुरक कर परोसें।

टाकोस

सामग्री

केनेप्स	— 12
दही	— ¼ कप
हरी मिर्च	— 5
राजमा बीन्स	— ½ कप (रात भर भीगा तथा उबला हुआ)
नमक	— स्वादानुसार
अदरक	— 1 चम्मच
प्याज	— 2 (छोटे टुकड़ों में कटी हुई)
धनिया	— सजाने के लिए

विधि

1. केनेप्स पकाएं।
2. तवे पर अदरक का पेस्ट, हरी मिर्च तथा प्याज डालें।
3. अब इसमें राजमा, नमक तथा काली मिर्च मिलाएं।
4. 2–3 मिनट तक भुनें।
5. अब इस मिश्रण को पहले से पकाई हुई केनोपीज में डालें।
6. ऊपर से धनिया बुरक दें।

प्याज वाला उत्तपम

सामग्री

उड़द दाल	– 1 कप
चावल	– 2 कप
प्याज	– 2
टमाटर	– 2
हरी मिर्च	– 4–5
हरा धनिया	– बारीक कटा
नमक	– 1½ चम्मच
चीनी	– 1 छोटा चम्मच

सांबर

ड्रमस्टिक	– 1
दाल	– 2 कप
बैंगन	– 4 छोटे
टमाटर	– 2
प्याज	– 2 बड़े साइज
हरा धनिया पत्ती	
इमली	– ¼ कप
गुड़	– ¼ कप

सांबर मिश्रण सामग्री

सरसों दाने	– ½ छोटा चम्मच
जीरा	– ½ छोटा चम्मच
हींग	– 1 चुटकी
करी पत्ता	– 7–8 पत्ते

सांबर मसाला

चना दाल	– 1 छोटा चम्मच
उड़द दाल	– 1 छोटा चम्मच
धनिया पाउडर	– 2 छोटा चम्मच

जीरा	— 1 छोटा चम्मच
सूखी लाल मिर्च	— 3
लौंग	— 2—3
दालचीनी	— 3—5 पीस
काली मिर्च	— 7—8
मेथी दाना	— 10—12

चटनी

चना दाल	— ½ छोटा चम्मच
उड़द दाल	— ½ छोटा चम्मच
हरी मिर्च	— 4—5
अदरक	— ¼ टुकड़ा
लहसुन	— 3—4 कलियां
हरा धनिया	— ½ कप
नमक	— ¼ छोटा चम्मच

चटनी सीजनिंग के लिए सामग्री

सरसो दाना	— ¼ छोटा चम्मच
करी पत्ता	— 5—6

विधि

सांबर मसाला

1. मसाला अलग—अलग भूनें।
2. दाल भूनें जब तक यह मुलायम तथा भुनकर भूरी न हो जाए।
3. लाल मिर्च डालकर घुमायें तथा गहरा लाल होने दें।
4. सभी चीजों को मिलाकर भूनें। फिर ठंडा कर लें तथा पीस कर पेस्ट बना लें।

सांबर बनाने की विधि

1. दाल में थोड़ी हल्दी डालकर गलने तक पकाएं।

2. दाल को मैश कर लें।

3. गर्म कड़ाही में राई, जीरा, हींग तथा करी पत्ता डालकर चलाएं व भूनें।

4. इसमें कटी हुई प्याज डालकर पकाएं।

5. इसमें पकी हुई दाल डाल दें।

6. फिर सब्जियों में डालकर उबालें तथा गल जाने तक पकाएं।

7. थोड़े पानी में इमली आधे घंटे तक भिगोकर जूस निकाल लें।

8. इस जूस को दाल तथा गुड़ में मिलाएं फिर 2–3 उबाल दें।

9. ऊपर से हरा धनिया बुरक दें।

चटनी बनाने की विधि

1. गर्म कड़ाही में चना दाल, उड़द दाल, अदरक, लहसुन भूनें जब तक भुनकर मुलायम न हो जाए।

2. इसी भुनी हुई सामग्री को हरी मिर्च, धनिया तथा चीनी के साथ पीस कर पेस्ट बनाएं।

3. गर्म कड़ाही में सरसों दाने भूनें फिर कड़ी पत्ता तथा हींग मिलाएं।

4. फिर इस मसाले को तैयार चटनी में डालकर अच्छी तरह मिलाएं।

उत्तपम बनाने की विधि

1. उड़द की दाल तथा चावल को अलग–अलग 3 से 4 घंटों तक भिगोयें।

2. दोनों मिलाकर पीस लें तथा पेस्ट बना लें। इस

मिश्रण को ढक्कनदार बर्तन में रात भर रखें।

3. उत्तपम बनाने से पहले थोड़ा नमक मिला लें। इसमें मिश्रण में एक कप पानी डालकर गाढ़ा कर लें।

4. तवा गर्म करें। इस पर पानी छिड़कें जब पानी सूख जाए तो कपड़े से तवे को पोंछ लें।

5. एक करची भरकर मिश्रण को तवे पर डालें तथा फैला लें।

6. बारीक कटी प्याज, हरी मिर्च तथा धनिये की मिश्रण के ऊपर बुरककर फैला दें।

7. तवे को ढक दें तथा थोड़ी देर पकने दें तथा कुरकुरा होने दें।

8. अब उत्तपम को पलट लें तथा कुरकुरा होने तक पकने दें।

9. आंच से उतार लें।

10. चटनी तथा सांबर के साथ गरमागरम परोसें।

प्याज वाला उत्पम

सूजी उपमा

सूजी का उपमा

सामग्री

सूजी	– 2 कप
प्याज	– 2 (बारीक कटी हुई)
हरी मिर्च	– 4–5
नमक	– स्वादानुसार
नींबू	– ½ टुकड़ा
हरा धनिया	– कटा हुआ
पानी	– 3 कप
सरसों के दाने	– ¼ छोटा चम्मच
जीरा	– ¼ छोटा चम्मच
हींग	– ¼ छोटा चम्मच
उड़द दाल	– 2 छोटा चम्मच
करी पत्ता	– 7–8
चीनी	– 2 छोटा चम्मच

विधि

1. कड़ाही में रवा (सूजी) डाल कर भूनें। भूरा होने पर कड़ाही से उतार लें।
2. इसमें मसाले भूनें।
3. हरी मिर्च, मटर तथा प्याज मिलाएं। फिर इसको अच्छी तरह भूनें जब तक ये भूरा गुलाबी न हो जाए।
4. जब आपको लगे कि मटर अच्छी तरह पक गई है तो भूना हुआ रवा इसमें अच्छी तरह मिलाएं।
5. तीन कप गर्म पानी डालें तथा हल्की आंच पर उसे 5 मिनट तक पकाएं।
6. नमक चीनी तथा नींबू इकट्ठे मिलाएं।
7. पकाने के बाद कटा हुआ धनिया मिलाएं।
8. गरमा गरम परोसें।

फ्राई आलू

सामग्री

प्रक्रिया – I

आलू	– 3—4
चावल आटा	– 2 छोटा चम्मच
आटा	– 2 छोटा चम्मच
सूजी	– 1 छोटा चम्मच

भरने की सामग्री

लाल मिर्च पाउडर	– 1 छोटा चम्मच
हल्दी पाउडर	– 1 छोटा चम्मच
नमक	– स्वादानुसार

प्रक्रिया – II

आलू	– 3—4

भरने की सामग्री

लाल मिर्च पाउडर	– 1 छोटा चम्मच
हल्दी पाउडर	– 1 छोटा चम्मच
चावल आटा	– 2 छोटा चम्मच
आटा	– 2 छोटा चम्मच
सूजी	– 1 छोटा चम्मच
नमक	– स्वादानुसार

विधि

1. एक कटोरा लेकर उसमें चावल तथा गेहूं का आटा एवं सूजी थोड़े पानी में अच्छी तरह मिलाकर एक तरफ रख दें।

2. आलू के गोल टुकड़े करके, हल्दी, लाल मिर्च तथा नमक में मिलाकर ½ घंटा रखें।

3. इन आलुओं को पेस्ट में भिगोकर सेकें।

प्रक्रिया – II

4. कटोरा लें। इसमें पानी डालकर सारी भरने की सामग्री मिला दें तथा प्रक्रिया–I के अनुसार पेस्ट बना लें।

5. आलू के गोल टुकड़े कर लें तथा पेस्ट में भिगो दें।

6. फिर पेस्ट से निकालकर सेकें। ओवन में बेक करें।

7. चटनी के साथ गरमागरम परोसें।

बेक्ड पूरी

सामग्री

गेहूं का आटा	—	100 ग्राम
नमक	—	स्वादानुसार

विधि

1. आटे में नमक मिलाएं तथा पानी डाल कर अच्छी तरह गूंथ लें।
2. इस गूंथे हुए आटे के 25 हिस्से कर लें।
3. इन हिस्सों को बेल कर पतली पूरी बना लें तथा कांटे से छेद कर लें।
4. इन पूरियों को बेकिंग ट्रे में रखें।
5. 200^0 डिग्री तापमान पर ओवन में 10 मिनट तक पकाएं।

चना दाल का पिट्ठा

सामग्री

चना दाल	– 1 कप (3 घंटे भीगी हुई)
जीरा पाउडर	– 1 छोटा चम्मच
अदरक लहसुन पेस्ट	– 1½ चम्मच
हरी मिर्च	– 2–3 कटी हुई
गर्म मसाला	– 1 छोटा चम्मच
नमक	– स्वादानुसार
गेहूं का आटा	– 2 कप

विधि

1. पहले आटा गूंथ लें तथा अलग रख दें।

2. चने की दाल को मिक्सी में पीस लें। इसमें जीरा पाउडर, अदरक–लहसुन पेस्ट, हरी मिर्च, गर्म मसाला तथा नमक मिला लें। फिर 3 से 5 मिनट तक मिक्सी चलाएं तथा पिट्ठी बना लें।

3. बड़े बर्तन में ज्यादा पानी उबालें तथा इसमें नमक तथा तेल मिलाएं।

4. आटे की लोइयां बना लें। फिर बेल लें। फिर इनमें एक चम्मच मिश्रण रखें तथा गुजियों की तरह किनारों से मोड़ लें। अब इन गुजियों को उबलते पानी में 10 से 15 मिनट तक पकाएं।

5. पुदिने तथा धनिये की चटनी के साथ गरमागरम परोसें।

पेपर सूजी कोइन

सामग्री

सूजी	– 1 कप
चावल का आटा	– 1 कप
मैदा	– 1 कप
जीरा	– स्वादानुसार
ग्राउंडीड मिर्च	– स्वादानुसार
पानी	– 1 कप

विधि

1. मैदा, सूजी, चावल का आटा छान कर अच्छी तरह मिलाएं।

2. अब नमक, जीरा, ग्राउंडीड पेपर मिश्रण में मिला दें।

3. इसमें पानी डालकर गूंथ लें तथा पांच मिनट के लिए अलग रख दें।

4. इस गूंथे आंटे को मटर के साइज का बॉल बना लें। फिर इनको दबा कर सिक्के के आकार में फैलाएं। फिर इसमें कांटे से छेद कर लें।

5. इन सूजी के सिक्कों को पकाएं तथा हवा रहित कंटेनर में बंद करके रख दें।